B R A I N

如何培养数字脑

聪明人都在玩的数字游戏

B U I L D E R

[英]查尔斯·菲利普斯 著
李俊 译

N U M B E R S

九州出版社
JIUZHOUPRESS

图书在版编目（CIP）数据

如何培养数字脑 ：聪明人都在玩的数字游戏 / （英）菲利普斯著 ；李俊译. -- 北京 ：九州出版社，2015.7

书名原文：BRAIN BUILDER NUMBERS

ISBN 978-7-5108-3782-1

Ⅰ. ①如… Ⅱ. ①菲… ②李… Ⅲ. ①智力游戏 Ⅳ. ① G898.2

中国版本图书馆 CIP 数据核字（2015）第 145620 号

北京版权保护中心外国图书合同登记号：01-2015-2652

如何培养数字脑：聪明人都在玩的数字游戏

作　　者　（英）查尔斯·菲利普斯　著　李俊　译
出版发行　九州出版社
出 版 人　黄宪华
地　　址　北京市西城区阜外大街甲 35 号（100037）
发行电话　(010)68992190/3/5/6
网　　址　www.jiuzhoupress.com
电子信箱　jiuzhou@jiuzhoupress.com
印　　刷　北京美图印务有限公司
开　　本　889 毫米 ×1194 毫米　32 开
印　　张　5.5
字　　数　40 千字
版　　次　2015 年 9 月第 1 版
印　　次　2015 年 9 月第 1 次印刷
书　　号　ISBN 978-7-5108-3782-1
定　　价　32.00 元

“数学是长时间的思考锻炼，能让人成为解决所有问题的高手！”

——笹部贞市郎

日本“数学之圣”、武藏学院创始人

目　录

测试一答案

测试二

测试二答案

引　言

生活在现代世界里，我们每个人都需要拥有处理数字的能力。虽然我们可以通过计算器、智能手机以及电脑中的软件来完成计算，但当我们进行某些思考的时候，仍然需要用到心算。

下面是生活中可能出现的一些情景：一名商务人士需要和老板讨论订单利润率的问题；一名咨询师需要在商务会谈中为客户比较贷款利率或者养老金比率；某利益集团中的一员在政治活动和竞选活动中非常活跃，他在活动中需要讨论有关气候变化的系数或复杂的用户数据，或者要保护当地图书馆或儿童活动中心的资金不被政府进行财政削减；参与深奥学术问题讨论的教师和学生，他们需要讨论文艺复兴时代的文学作品中特殊短语或单词的使用频率。

如果你恰好对数学运算很感兴趣，那么心算会无处不在！你可能会计算一名餐馆服务员获得小费的机率，或者计算在超市购物时选择哪种促销可以得到更多的优惠。

我们在生活中会如此频繁地遇到与数字相关的问题，但是许多人却一直存在着数学运算方面的问题。也许因为这些人在学校的课堂上只学会了死记硬背，又或许他们接受了别人的评价或者本身就认为自己的数学运算能力不够好。

事实上，你在每天的生活中都会用到数学运算，所以如果我们能提升运算能力以及对于数字的理解，就一定能从中受益。别紧张！我并不会建议你像上学时那样去练习加减法，或是辛苦地做数学作业，本书中涉及的题目都是十分有趣和引人入胜的。为什么我们要将题目设计得如此有趣？因为科学研究表明，当一个人做自己感兴趣的事情时，大脑就会以最好的状态工作。

数字从何而来?

人类的祖先根据生活中获得的经验，曾经发展出各式各样的计数方式，而世界上最古老的数字文物可以追溯到公元前 35000 年，那是一块在南非发现的带有 29 个记号的狒狒骨头，考古学家认为这些记号代表着 29 个夜晚，也就是一个月亮周期。

我们的祖先在数千年里一直从事狩猎和采集工作，他们需要计算白天和黑夜的数量，从而追踪潮汐和四季的循环往复。人类大约在公元前 10000 年开始从事农耕，除了上述提到的“远古日历”，他们还通过在树木上刮刻印记、收集鹅卵石或运用绳结记录猎物的数量。

在公元前 3300 年，美索不达米亚地区的苏美尔人发明了文字，开始用粘土在石头和纸莎草上写字。不同地区的古代人使用不同的符号文字——中美洲的古玛雅人和阿兹特克人用线条和圆点，而在美索不达米亚地区的苏美尔人使用钉子状和人字形标志，古希腊人以及古罗马人则开始使用字母。

数字的艺术

算术（arithmetic）这个词来源于古希腊语“arithmos”（“数字”的意思）和“techne”（意思是“技艺”“技巧”）这两个词，意思是处理数字的艺术（技巧）。当我们做算术题的时候，就会使用加、减、乘、除这些运算法则得出我们想要的答案。

大多数历史学家都认为，直到公元前 3000 年的美索不达米亚文明时期，古埃及和印度河流域的人类才开始使用算术。然而，公元前 8500 年非洲一些动物骨头上的符号却可以表明，古人早在几千年前就认识到了数量加倍和减半的运算方法，甚至使用了素数。这些骨头来自伊尚戈，位于非洲乌干达和刚果之间的边界，它们都有成组的切口。其中一组骨头上有 3 和 6，4 和 8，10 和 5 这样三组切口，这说明当时的人们已经对数字和数字的倍数有所了解。另外，这些骨头上还记录了一组质数：11、13、7 和 19，还有一组数为 11、9、21 和 19（10+1、10–1、20+1、20–1），很像一种日历。当然，这也很可能只是巧合，因为我们没有其他证据证明在古希腊时期之前，人们就已经了解质数。但是，还是有相当一部分人相信，早在 10000 年前，非洲人就开始对数值进行较为复杂的计算。

我们熟悉的数字

我们很熟悉的数字——1、2、3、4、5、6、7、8、9 和 0——被称为阿拉伯数字，这是因为当时阿拉伯的科学家率先在欧洲使用这种计数方式。后来这些数字传到意大利，又被意大利比萨的中世纪数学家斐波那契（Leonardo Fibonacci，1175-1250 年）通过他撰写的珠算原理方面的书（《算盘书》，1202 年）从意大利传播到法国和德国。在那个时期，大多数的欧洲人都在使用罗马数字，比如，I (1)、V (5)、X (10)、L (50)、C (100)，以此类推。实际上，阿拉伯数字是在公元前 400 年由印度数学家发明的，之后才被波斯和阿拉伯的科学家采用，当时在北非穆与父亲生活在一起的斐波那契很好地掌握了这种数字系统。

斐波那契因提出斐波那契数列（又称黄金分割数列）而闻名于世，这个神奇数列是由一系列前后关联的数字组成，从 0 和 1 开始，每一个数字都是它前面两个数字的和。这个数字序列是 0、1、1、2、3、5、8、13、21、34、55……它首次出现在斐波那契所著的《算盘书》中，我们期待在本书中，你能对斐波那契数列有进一步的了解。

相关的进位制度

在《算盘书》中，斐波那契也将阿拉伯人使用的十进制（之前印度数学家使用的进位制）传播到意大利，并从意大利将十进制和阿拉伯数字一起传播到法国和德国。这是我们最为熟悉的一种运算系统：在 111 中，第一个 1 代表 100，第二个 1 代表 10，第三个 1 代表个位数 1。十进制数字的数值取决于它所在的位置，因为它是以 10 为基数，在第二个位置上的 1 就代表着 10，也就是所谓的进位系统。在公元前 500 年，这个系统被发展起来并首先使用于印度地区，而当时在美索不达米亚的巴比伦人使用的则的是六十进制的系统——以 60 为一个基数，而不是 10。另外，中美洲的玛雅人则采用的是二十进位制，以 20 为一个基数。

十进位制系统加上“0”的应用，使数字得以更好的表达。比如，你不能在十位不写 0 而表示出一百零一（101），但是 0 所代表的含义在各种不同的文化中是不一样的。举个例子，古巴比伦人的文化中就不存在 0——他们使用空格（后来使用两个楔形符号）来表明进位上的 0。人类使用“0”的概念来代表数字最早可以追溯到公元前 900 年。

二进制系统

你的电脑、电视以及手机都只使用了两个阿拉伯数字——0 和 1——来进行运算。这种二进制的系统非常适用于电子设备，1 代表着“通电”，0 代表着“关闭电流”。若将数学领域的二进制系统应用到计算机语言中，表示如下：在十进制系统中，1 在十位数上代表一个 10，而在二进制基础系统中，1 在十位数上代表 2、100 代表 4，以此类推。

在二进制体系中，11 代表 3，而 111 则代表 7。那么你知道 1000 代表什么吗？ 1111 又代表什么呢？（答案：1000=8，1111=15）。

德国数学家、哲学家戈特弗里德·莱布尼茨（Gottfried Leibniz，1646-1716 年）认为我们应该广泛使用以 1 和 0 表示的二进制系统，在他看来，是一种可以精确表示逻辑的新（数学）语言，并且这种语言绝不会像口头语言一样出现语气、语义含混的情况。

有理数、无理数和分数

把单位“1”平均分成若干份，表示这样的一份或几份的数叫分数。分数这个名词来源于来自拉丁文“fractio”（打破）。在数字 1 和 2 之间，有以下一系列的分数：1/2、1/4、1/8……以此类推，它们的数量是无限的，因为你总是可以将任意一个分数再次均分，比如 1/16、1/32、1/64……

有理数是整数和分数的统称，不能写作两整数之比的数字被称为无理数。下面我举个著名的例子：圆周率 π 指的是圆的周长与其直径之比，它的数值就不能通过小数精确地表示。

另外一种书写分数的范式是使用十进制系统，按照这种系统规则，1/2 可以被写成 0.5，1/4 可以写成 0.25。一些小数不能被写为有限数目，这些数字会无限循环，比如 1/3 就是 0.3333……的无限循环。众所周知，圆周率由 3.1415926535 开始，并且后面的数字是无穷尽的。

建立更好的思维模式

数字是一种国际语言。如果我闭上眼睛，随机键入一些字母“hhhewhsdsh”，可以说它是无用的数据，但如果我以同样的方式在键盘上随机输入一个数字，比如 24579434，这个数字就代表了 24000000+579000+434，也就是说，在十进制系统中，每一种数字组合都有其存在的意义，即便是我只键入零，这个数字仍然具有意义。虽然阿拉伯数字不是世界上唯一的编码系统，但它一直大范围地被各种各样的文化所使用，代表了一种国际语言，当涉及数字的时候，大家都在应用同样的语言。

如果你在数字方面有一些困扰，那么你的思维质量就会受到影响，而且这一定会影响你在大学、面试以及社会上的所有表现，甚至会给你的日常生活造成影响。如果你突然遇到一些需要快速数学运算的情况怎么办？比如，你可能不得不思考商家报价或薪酬福利方面的事情，并且需要立刻做出决定。你如何应对这些情况，很大程度取决于你大脑的运算速度、清晰度以及看清现状和处理问题的能力。也就是说，每个人都应该保证自己的大脑拥有快速运算的能力。

当然，如果你在处理数字方面有一些困难，也没必要隐瞒或因此感到羞愧。我们每个人在解决问题方面都有自己的优势，但获得成功的关键是找出自己的弱点，试着发展我们的潜能，这也是我们创作这套书的宗旨。本书将通过一些题目针对你对数字的应用等方面进行指导，同时给出切实可行的丰富意见和建议，相信一定可以帮助你提高运算能力和处理数字的自信。不仅如此，本书中还结合了一些综合性题目，希望能帮助你成为一名优秀的脑力全能选手！

运用本书提升思维能力

《如何培养数字脑——聪明人都在玩的数字游戏》是“聪明人都在玩的脑力游戏”系列中的一本，这个系列中的每一本书都提供了两个阶段的有趣智力题，首先帮助你测试自己的思维水平，然后通过这些练习提升你的思维能力。

每本书中的两部分题目分别为测试一和测试二，每一部分题目的后面是它的答案。当你完成测试一中的题目后，可以使用我们给出的评分系统为自己的表现评分（详见“如何给自己评分”），测试一的答案部分还给出了许多解题的提示、技巧和指导。认真研究这些内容后，我相信你一定会在测试二中表现得更加出色。

你最好对测试一答案部分的“智力开发小贴士”进行研究之后，再开始解答测试二中的题目，并给自己的表现打分，之后比较测试一和测试二两部分的得分，看看你的表现是否有所提高。如果你发现自己的分数并没有增加，也不要担心，这只是提醒你应该更加认真地思考题目的解答过程和解决方案。

接下来，通过“聪明人都在玩的脑力游戏”系列中的另外 3 本书（《如何培养逻辑脑》《如何培养空间思维》《如何培养模块思维》），你就会了解你自己大脑的整体表现（详见第 151 页“思维能力评分表”）。接下来，如果你想要进一步提高自己的思维能力，就应该更专注在需要提高的思维类型上，进行更多的练习。更重要的是，很快你就会发现随着自己思维能力的提高，在工作、学习、交际或者其他方面的各种表现也会获得提升。

“聪明人都在玩的脑力游戏”系列可以帮助你改变思维习惯，相信这种改变一定会给你每天的生活带来不同的体验。希望你喜欢这本书，并享受思考的乐趣！

如何给自己评分

如果你得出一道题的正确答案，给自己评 2 分；如果你并没有得出正确答案，但是解题思路正确，给自己评 1 分；如果你的整个解题思路都是错误的或完全没有思路，给自己评 0 分。

在测试一的答案部分，我们给出了相关的解题建议、题目背景和智力开发小贴士，如果你在解题过程中遇到困难，可以进行参考。在有些题目中，我们给出的部分建议可能会帮助你解决后面相似的题目，你可以通过后面的题目，检查之前的解题建议和智力开发小贴士是否对你有所帮助。

BRAIN
BUILDER
NUMBERS

测试一

测试一中共有 25 道题目，这 25 道题目的难度各不相同——其中有 10 道题难度一般，10 道题是中等难度，另外 5 道题目处理起来则可能比较棘手。

在解答完所有题目后，你可以根据引言中的评分指导进行评分。我建议你不要忽略答案部分给出的智力开发小贴士和解题建议，它们可以帮助你提升思维水平。

祝你好运！希望你享受解题的过程！

题目 01 6 个五边形

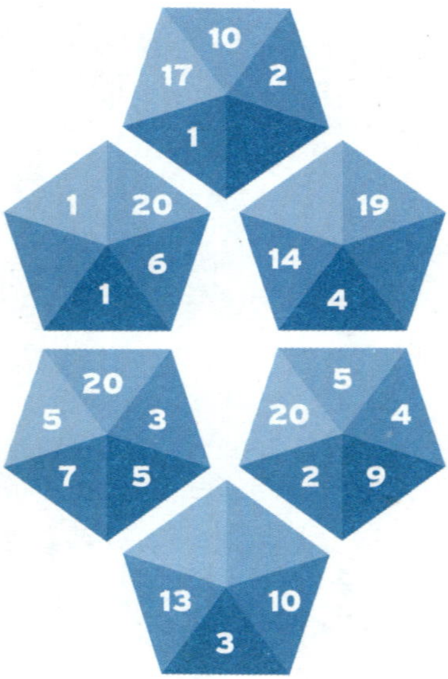

一名生态建筑师在设计“绿色”教室的时候，创作出了这道和五边形相关的题目。我们的任务是找出藏在这些五边形背后的数学规律，并且以此完成图形中的填空。

你需要找出每一组数字之间的内部联系，这会提高你运用数学方法解题的技术，同时提升你对自己数字感知能力的信心。

提示：

找出一个五边形与另外一个五边形相邻的三角形内数字的关系。

题目02 甜点上的加法

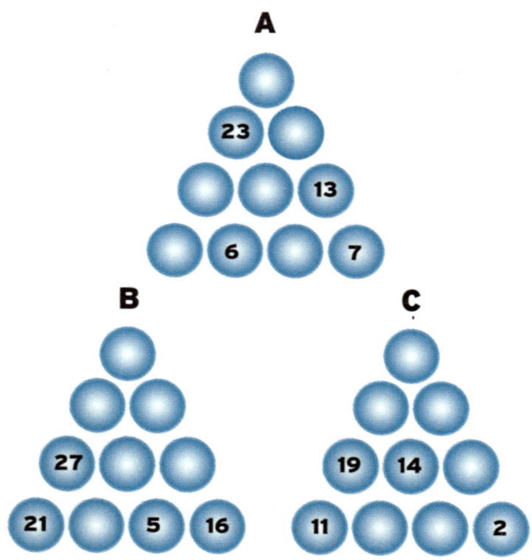

请仔细观察这三份漂亮的糖霜甜点，这是一位聪明的法国糕点师创作的简单题目。图中每个圆圈里的数字是它下面两个圆圈中数字的总和，你需要将合适的数字填入空白处以完成这三座甜点金字塔。

这道题目测试的是简单的数学运算能力，然而有些地方的数字可能需要你从后往前推导。你能迅速完成这道题目么？尽可能快速地完成这种相对容易的算术题，会帮你为解决后面更具挑战性的题目热身。

提示：

尝试从右向左完成金字塔填图。

题目03 “头号人物”酒吧的啤酒垫游戏

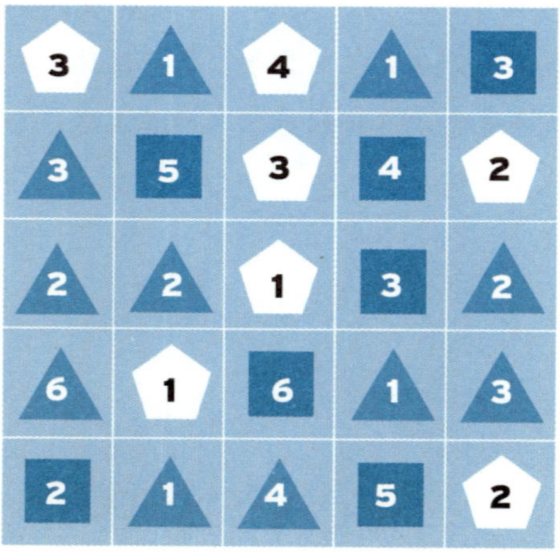

“头号人物”酒吧的酒保喜欢用不同形状的啤酒垫玩数字游戏，以吸引数学爱好者光顾。在这个安静的晚上，让我们来完成这道题目吧。每一种不同形状的啤酒垫的价值是它的边数乘以垫子上的数字（比如，一张三角形啤酒垫上的数字是 4，那么它的价值就是 12）。你能够按照这样的规则，找出相邻组成正方形，且总价值是 30 的四张啤酒垫吗？另外，分别计算出每张垫子的价值。

这道题目需要综合运用图像思维能力和数字思维能力，这有利于全面开发你的智力。科学研究表明，在做这种图像与数字结合的题目时，我们会运用到大脑的不同部位，而同时运用脑部的多个区域可以有效提高智力水平。

提示：

避免选择那些边数较多且数字较大的垫子。

题目04 枕头上的运算

300
345
346
527

694
788
856
31576
38337

53378
64041
5432768
5790731

“谜题旅社”的员工刚刚清洁好酒店房间，并在枕头上留下了一道数字题目。题目要求将网格下面的几组数字正确填入网格中的空白处，数字可以水平、垂直放置，但不能倾斜。

完成这道题目需要用到你的数字组合能力。

提示：

网格中最长的空白序列是多少格？在这两个最长的序列格中应填入什么数字？

题目05 南极洲的数学游戏 I

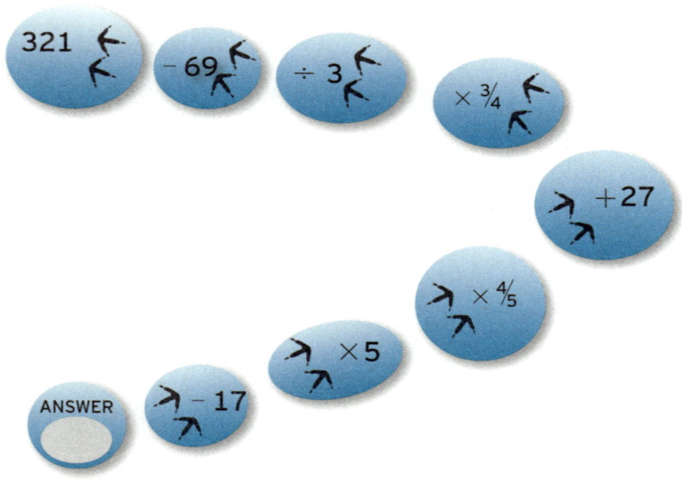

计算机老师为他的学生们设计出一个名为“南极洲的数学游戏”的电子游戏。每个企鹅形象代表一个玩家，企鹅从第一块给出数字的石头开始，完成后面每块石头上的数学运算才能得以前进，任何一步出现计算失误都会使玩家滑下石头掉入冰冷的水中，必须要重新开始游戏。请你跟随图中的企鹅脚印，回答每一步的运算结果是什么。

请不要使用计算器或纸笔计算，尽量使用心算，这样的练习效果最好。

提示：

你可以使用四舍五入等策略简化计算。假如你要计算 23+59，可以通过计算 23+60-1 得到答案，相信这种运算方式会对你有所帮助。

题目 06 数学接力赛

- 13×5
- 85×⅘
- (98-54)÷4
- 373-262
- 16+13+2+5
- 35×3
- 140-74
- 23+59
- 15×12
- 23-5+11-19+3
- 60÷5
- 23+55
- 23+23+23+23
- 876-765
- 12×8

这是一名短跑运动员在训练时为了打发时间给自己出的题目，要求在2分钟之内计算出图中15道数学运算题的答案。

这名运动员直截了当地给出了时间限制来迫使你加速思考。解决这种题目需要你尽快集中注意力，并且保证每道题目都不能出现失误！

提示：

提高运算速度有一个简单的办法，就是看不同位数上数字之间的差异。

题目07 桌子代表的数字是什么？

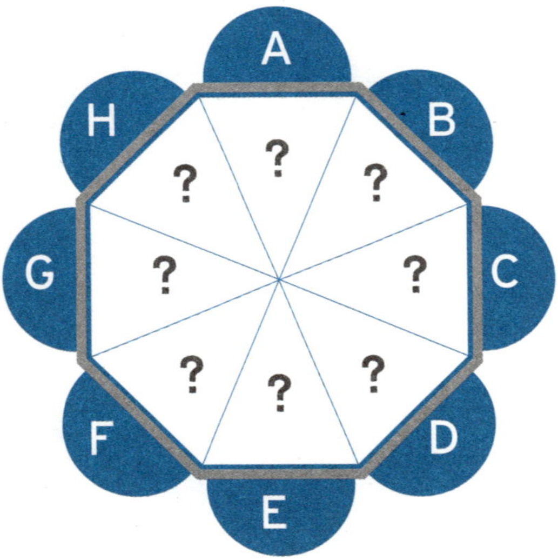

4 对夫妇夜晚在河岸边的桌子上吃饭，他们给服务生领班出了这道题目。如图，用字母 A ~ H 分别代表 8 张不同的桌子，每张桌子代表整数 1 ~ 20 之间的某个数字。你能否帮助服务生根据下面的信息推算出每张桌子所代表的数字？

- $C - F = A$
- $B^2 = D$
- $B + G + F = C$
- $H - (A+G) = E$
- $D = F \times E$
- $F^2 = B$
- $G = 1/8 \times (D+E)$

你需要运用逻辑思维推断出这些桌子代表的数字是什么。比如，根据上述提示，我们可以猜想 D 一定大于或者等于 8，因为 F 的平方是 B，且 B 的平方等于 D。

提示：

在整数 1 ~ 20 中，只有三个数字可以被开平方。

题目08 竞价系列题

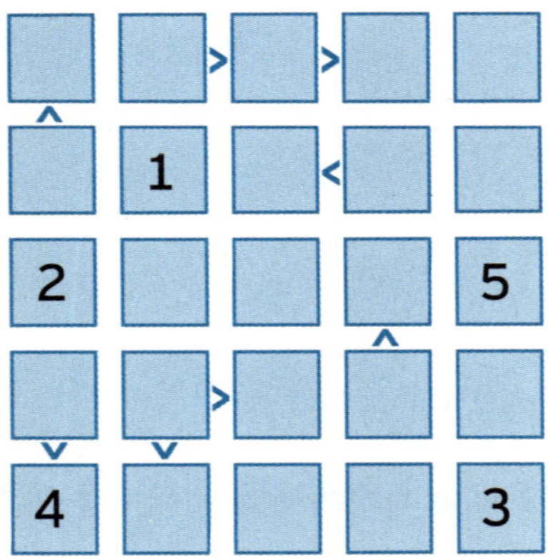

一个在拍卖行工作的实习生用竞价者的入场券创造了这个数字序列游戏。在这个游戏中，大于号（>）开口方向方格中的数字要比后面的数字大，并且网格的每一行和每一列都包含整数 1 ~ 5，要求将网格中所有空白方格中的数字填写完整。你能完成这个任务吗?

图中已经给出了足够的信息可以帮助你填写完第一竖列，之后你就要运用简单的逻辑思维来推算所有可能的答案。

提示：

图中左边第一竖列已经给出 2 个数字可以帮助你推导。

题目09 安静的运算 I

4	○	8	○	5	○	3	=	9
7	○	8	○	4	○	6	=	10
15	○	3	○	2	○	6	=	42
19	○	11	○	8	○	4	=	16
6	○	7	○	12	○	9	=	6

僧人们在斋堂里是禁止说话的，于是他们发明了这个游戏：把一些数字写在黑板上，并且举起标有“+”“−”“×”“÷”符号的卡片，对这些数字进行运算。你能帮助他们完成今天的运算吗？具体规则如下：

- 在每个算式中填写上述 4 种运算符号中的 3 种。
- 每一步不能得出比 0 小的数字。
- 算式始终从左到右进行运算。

这仍然是一道数学常识题，尽量不要把乘法符号应用在较大的数字之间，因为这样你可能会得出一些很大的数值。

提示：

从最后一个算式开始运算。

题目10 “牌照”游戏 I

14	24	7	34	11	55	8	2	97	73
101	202	305	69	404	506	32	907	31	68
39	41	53	63	82	93	124	118	33	72
3	2	6	30	15	14	25	82	86	24
791	917	717	919	91	19	999	99	882	1097

在电子游戏“牌照（Numeroville）”中，你必须完成下面的任务，才可以获得足够多的资金注册成为出租车司机。在图中的数字里，每一行都有一个数字是此行另外两个数字之和，你需要多久才能全部找出它们？

在做这道题时你需要保持头脑清醒，认真观察数字间的联系。正如我们从前几题中学到的，你越熟悉数字之间的关系、对数字的思考和运算越频繁，完成这个任务的速度就越快。

提示：

在每行数字中先排除一目了然的较小数字。

题目11 福尔摩斯俱乐部的小吃包装 I

<table>
<tr><td></td><td>0</td><td></td><td></td><td>1</td><td></td><td></td><td></td><td></td><td></td></tr>
<tr><td></td><td></td><td></td><td></td><td></td><td></td><td>1</td><td></td><td>1</td><td>0</td></tr>
<tr><td>1</td><td></td><td></td><td></td><td>0</td><td></td><td>1</td><td></td><td></td><td>0</td></tr>
<tr><td></td><td></td><td>1</td><td></td><td>0</td><td></td><td></td><td></td><td>1</td><td></td></tr>
<tr><td>0</td><td></td><td></td><td></td><td></td><td></td><td></td><td></td><td></td><td></td></tr>
<tr><td></td><td>0</td><td>0</td><td></td><td></td><td></td><td>0</td><td></td><td>1</td><td>1</td></tr>
<tr><td>1</td><td>0</td><td>0</td><td></td><td></td><td></td><td></td><td></td><td></td><td></td></tr>
<tr><td></td><td></td><td></td><td></td><td></td><td>0</td><td></td><td>0</td><td></td><td>1</td></tr>
<tr><td></td><td></td><td>0</td><td></td><td></td><td></td><td></td><td></td><td></td><td></td></tr>
<tr><td></td><td></td><td>0</td><td>0</td><td></td><td>0</td><td></td><td>1</td><td>1</td><td></td></tr>
</table>

在福尔摩斯俱乐部可以买到一种俱乐部的自主品牌小吃，它的包装纸上印有一道好玩的数学游戏题，你能做出来吗？具体规则如下：

- 在网格空白处填入数字 0 和 1，确保每一行、每一列中的 0 和 1 个数相同。
- 在网格横竖相邻的小方格中，不能有 2 格以上数字重复。
- 行或列的数字排列不能重复，题目的答案是唯一的。

这是道逻辑题，需要你具有清晰的思维逻辑。

提示：

根据图中所给的两个相邻的相同数字可推断出其他数字。

题目 12 8 号特工 I

简单	困难
5	5
+44	×9
÷7	+153
+74	÷3
÷3	÷2
−3	平方
×4	÷9
×2	×3
−44	−27
÷37	÷28

快速准确地进行数学运算是特工们必备的能力之一，这道数字题目就来自电子游戏“8 号特工”。游戏玩家必须在炸弹引线烧完前的有限时间内，从顶端给出的数字开始，由上而下进行运算，并得到两个最终答案。作为一名特工，你能完成这个任务吗？

要在快速完成运算的同时确保准确，你就一定要对自己充满信心。你可以为自己设定一个完成题目的时间限制，比如 2 分钟。

提示：

在进行运算时，你每一步得到的数字都是整数，最终的答案才会是正确的。

题目13 28 块蛋糕

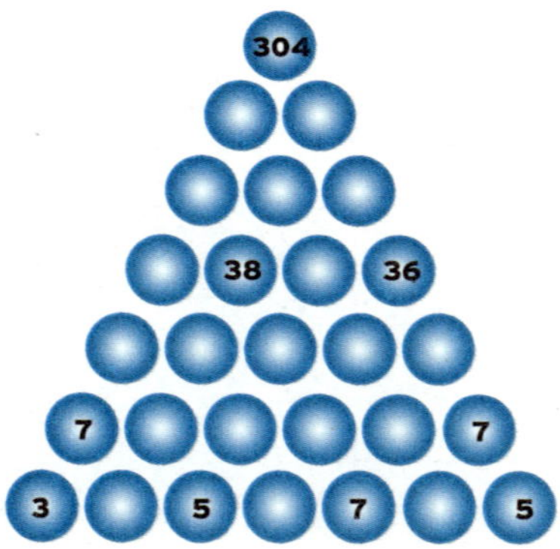

为庆祝数学教授结婚28周年纪念日，蛋糕店用28块蛋糕堆成了如图所示的金字塔的形状。其中的一些蛋糕已经用糖霜提前写上了数字，而参加聚会的客人们需要在没有数字的蛋糕上用糖霜写上数字。你能帮助他们吗？具体规则如下：

- 每块蛋糕上的数字是其下面两块蛋糕数字的总和。
- 在完成这些数字前，谁都不能吃蛋糕。

和题目2一样，尝试给自己设置一定的时间限制（比如1分钟），并且不要借助计算器来完成运算。因为最上方的数字是304，你可能会在做题过程中发现自己的运算出了错。

提示：

从右侧底部开始运算。根据我们在题目2中给出的提示，你不一定非得一行一行地完成所有运算，有时候可能需要回到顶层，根据数字304推导出一些数字。

题目14 补充缺少的元素

2	2		2		9	5
6		7	5	2		
	2	A		4	6	3
2	8		B			7
7	2			C	3	
	6	2	8	2	2	
3		6	2	4		5

一名侦探为他的助手设计了一个逻辑拼图，并每周使用一两次来测试他们的侦探能力。题目要求：根据网格的拼图模式，推断出正方形 A、B、C 中填入的颜色和数字分别是什么。你能帮助助手们完成测验么?

要确定拼图网格中的颜色和数字，你必须仔细观察和思考正方形与数字之间的关系。

提示：

你可以把拼图中每一行和每一列的数字相加么?

题目15 时间数字游戏

题目要求：将一周的天数与一天内的小时数相乘，然后加上一年中的星期数，再乘以一个世纪的年数，减去一天中的分钟数，再加上十年中的月份数，最后加上公元1000年到现在的年数。

在一个关于时间旅行的电子游戏中，玩家必须要用数学方法计算出这道题目的正确的答案，才能从 1000 年前回到现实。

严禁使用计算器！同时不允许使用笔和纸，尝试用你活跃的大脑快速完成这道难题！

提示：

要完成这个任务并不容易，但组成这个数学运算的每个部分算起来并不困难。

题目16 填数游戏 I

■	21\	13\	■
\17	9	8	6\
\11	7	3	1
\12	5	2	5

■	13\	16\	■	■	■	17\	36\	18\	12\	■	■
\16			33\	20\	\28					30\	9\
\30					16\34						
■	■	\24				11\17			8\3		
■	3\	17\28						\3			■
\13				15\	8\5			10\15			16\
\27						\8			\10		
■	■	■	\15			\16			\16		

这道题是一位著名女演员的私人教练设计的，用来帮助女演员补充在超时工作中消耗的精力，使她可以精力充沛地面对挑战。图中左侧的网格图片已经给出提示，解题规则如下：

- 每块空白的正方形都包含了 1 ～ 9 中的任意一个整数。
- 连续的空白正方形中数字相加的总和为这一列或行上面或左侧的数字（例如，左侧网格中的 9+8 等于其左侧的 17；9+7+5 的总和是这一列顶端的数字 21，以此类推）。
- 水平或垂直连续的多个正方形中的数字不可以重复。

这是一道数字谜题，曾经被一个日本人命名为“Kakuro”，有“加法”和“穿过”的意思。这道题与传统的填字游戏相似，图中会给出多条线索，你可以通过观察数字、数字组合之间的关系提升你的数字观察能力。

提示：

因为连续正方形中的数字不能重复，所以题中左上角和为 16 的数字只能是 9 和 7。

题目 17 有趣的数字平衡游戏

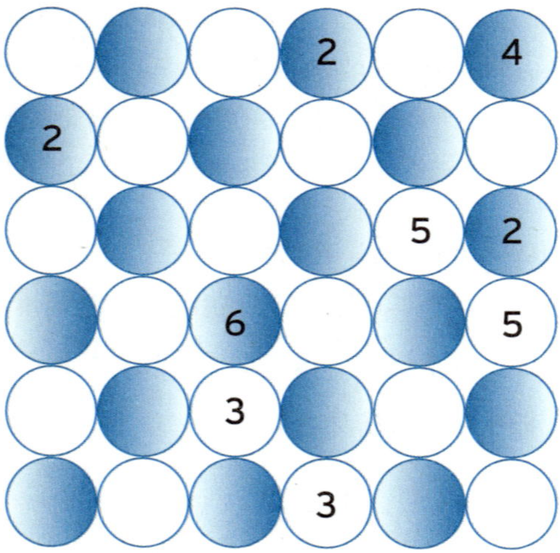

一名设计师创造了这道可以在智能手机和电脑上玩的有趣数字题，要求是在圆圈中填数，在白色的圆圈内都填奇数（1、3、5），有颜色的圆圈内都填偶数（2、4、6）。我们已经在圆圈内预先给出了一些数字，你要保证每一行和每一列的 6 个圆圈内都包含整数 1 ~ 6。

这是一道有趣的数字填充题，需要你运用逻辑思维来平衡每一行和每一列的数字，以及奇数和偶数之间的关系。在这个游戏的手机版本中，你可以直接将数字拖动到正确的位置，但是在本书中你只能将数字写在上面。

提示：

注意图中给出的线索，确保每一行、每一列中的数字都符合题目要求。

题目18 剧本中的三方合作 I

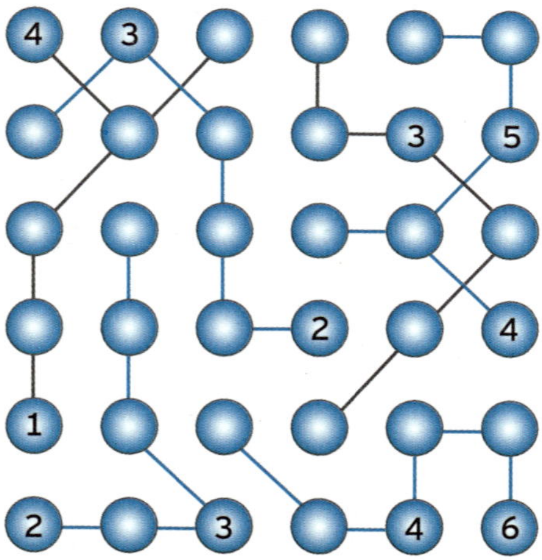

一名编剧在他的剧本《三》中设计了这道题目，剧本描写了一个整天胡思乱想的丧偶数学家和他两个儿子的故事。题目要求以下网格的每一行、每一列以及用直线连接的圆圈组合链中，都应该包含整数 1 ～ 6。

与普通的数字填图游戏相比，这道题有个有趣的特点——使用直线连接而不是其他方式来组合数字，因此需要你综合运用逻辑思维和图像思维。

提示：

从右下角含有数字 4 和数字 6 的组合链开始，题目已经给出足够多的信息可以用来完成这部分的填图。

题目19 数字编号

列	1	2	3	4	5	6	7	8	9	10	11
						1				1	
						1				1	
		1				1	1		3	1	
	3	1	1		5	1	3		1	1	5
	1	1	3		3	1	1		1	1	3
	3	1	5		1	1	3		3	1	1

行	提示			
1		3	3	3
2	1	1	1	1
3		3	3	3
4	1	1	1	1
5		3	3	3
6				
7	1	1	3	3
8	1	1	1	1
9		3	3	3
10		1	1	1
11		1	3	3

一名私家侦探想向警方隐瞒关键信息，于是他将关键的数字用图中的编码显示给他的同伴。现在要为网格中的部分方格上色，网格上方和左侧的数字表示每一行和每一列需要连续上色的方格数，但每个数字代表的方格相互不连续（比如，上下叠在一起的数字 3、1、3，表示这一列中分别有 3 个连续的上色方格、1 个上色方格和另外 3 个连续上色方格，它们彼此不相邻，如果没有数字就代表这一行或列没有方格需要涂色）。正确为这些方格涂上颜色后，隐藏的 6 个数字组合就会显现出来。

这道题是数字组合游戏 Nonogram 的加强版，它需要你关注细节，并且运用图像思维能力。请关注本题智力开发小贴士中的题目，它会为你解答更有挑战的题目提供帮助。

提示：

你得到的答案中会出现 6 个排成两排的数字，每行有 3 个数字。

题目20 圆球称重 I

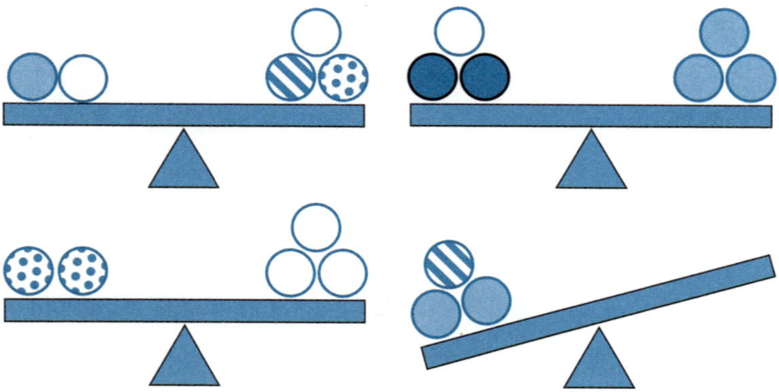

一名肉店助理用他每天都会使用到的平衡秤为女友设计了一道题：5 个不同颜色和花样的球都有不同的重量——1 磅、2 磅、3 磅、4 磅或 5 磅。你能根据图片计算出每个球的重量分别是多少么？另外，请计算一下需要几个圆点球，才能使最后一张图中的平衡秤两侧平衡？

这是一道经典的数字组合和图像逻辑题。你能否推算出不同颜色、不同花样的球的重量？

提示：

通过第一张图可以看出，浅色实心球的重量等于条纹和圆点球的重量之和。

题目21 脸谱运算 I

15

21

11

22

19 8 24 ?

一名健康食品店的员工以他的 4 名同事为原型创建了这组图片。如图，每个脸谱代表 1 ～ 9 这 9 个整数中的一个，图中给出了每一行和每一列中脸谱所代表的数字总和。你可否推算出每个脸谱代表的数字，并且计算出问号代表的数字是什么？

这是一个非常有趣的解码游戏，你必须根据这些数字的总和，运用逻辑思维才能推断出代表脸谱的数字。

提示：

左数第二列表明，黑发女性的脸谱代表的数字必然较小。

题目22 结婚纪念日迷宫

36	22	78	70	30	40	12	13	52
40	94	96	80	16	54	30	77	72
42	74	48	54	76	64	44	68	92
60	56	28	22	98	86	18	22	36
80	69	12	30	40	36	32	62	52
84	78	20	88	24	46	72	50	64
92	38	22	90	66	34	96	34	70
16	24	32	28	50	38	76	16	56
22	46	14	82	94	82	62	26	88

一名迷宫爱好者设计了这道数字路径题，以庆祝自己的结婚纪念日。你的任务是用自己的方法找出网格中所有可以被 4 整除的数字，并用这些可以被 4 整除的相邻数字上下贯穿整个网格，连成一条连续的路径，要求路径线条不能斜着穿过方格的对角线。你能解决这道题目吗？

这是一道简单的题目，考验你的思维敏捷度、对数字的敏感度以及对细节的关注能力。

提示：

找出所有可以被 4 整除的数字后，你从最后一行开始就能一目了然地找出路径。

题目23 连接数字 1 ~ 49

20			17			4
	15	16	1		36	
	24			34		6
23				40		7
26		42			39	8
30			49	48		
	28				47	10

题目 3 中的酒保为了庆祝客人 49 岁的生日，创作了这道数字路径题。题目要求把含正确数字的啤酒垫放在网格中，使得 1 ～ 49 的所有整数能以水平、垂直、对角线相邻的任意形式按照顺序连接起来。

这道题是数列题目 Hidato 的翻版，可以很好地锻炼你的数字逻辑思维能力。Hidato 数列题是以色列的计算机科学家贝内德克博士（Gyora Benedek）发明的，他说，有一次他在红海边潜水时看到许多快速游动的小鱼撞到岸边，从而得到灵感发明了这道题，他想要题目中重现小鱼游动的情景。

提示：

你有两种方案可以从起始位置的数字 1 到达右上角的数字 4，但其中只有一个方案可以让你完成数字 34-35-36 的连接。

题目24 餐厅数字游戏

256
345
356
425

567
568
654
24555
35257

35738
61633
2433743
3469743

当“谜题旅社”的客人们等着上菜时，服务员会拿来印有数字题目的菜单和餐巾给客人，以安抚他们的情绪。本题题目要求和题目 4 一样，将网格下面的所有数字填写入网格空白处，数字可以水平、垂直放置，但不能倾斜。

这道题测试的是你的数学逻辑和图像逻辑能力，需要你找出数字之间的交叉点。

提示：

网格中有 2 个地方可以填入 7 位数。

题目25 联合大作战

			17	19		17	11			
		9	6	5	3		8	4	2	
			3	4			2			
28	4	7	1	9	3					33
			3		7	6	2		9	
28		6	9		3		7	1		17
				5	7		6		8	
10			1			3	9	4	6	10
	3			7		1		5		
	5		9				6	1	2	

一名网球选手给自己出了这道关于数字区域的题目，以确保在赛场上集中注意力。题目要求在网格中每一行都不重复地填入整数 1 ～ 9，网格外侧的数字表示其对应箭头所指的对角线上数字总和。你能解出这道题目吗？具体要求如下：

- 相同数字可以在同一竖列中重复出现。
- 相同的数字不可以相邻（包括对角相邻）。

对角线提示给这道数字题增加了新鲜的视角。当你完成这道题目以后，一定会对提高逻辑思维和数字能力更有信心。

提示：

你可以先从只有两个方格的对角线入手。

BRAIN
BUILDER
NUMBERS

测试一答案

停！即使你被某道题目难住了，也不要太快翻到答案部分，先停下一段时间再回过头解决可能会让你灵机一动。当你看答案的时候，一定要确保自己能有所收获——仔细研究答案，学会解决问题的方法，之后再回到题目中一步步理清自己的解题思路和思维模式，一定要尝试理解为什么我们给出的答案是正确的。这部分我们不仅给出了题目 1~25 的答案，同时也就测试二的题目 26~50 给出了一些提示，你要尽量在解答接下来的问题之前充分吸收这些信息。我相信你的思维水平正在不断提高！

根据以下几点给自己打分：

1. 答案正确得 2 分。
2. 答案虽然不正确，但思路正确得 1 分。
3. 完全没有思路也没有得出答案得 0 分。

题目01 6个五边形

每个五边形中所有数字的总和是 40，而在每两个相邻的五边形中，两个相邻三角形内数字相乘等于 20。

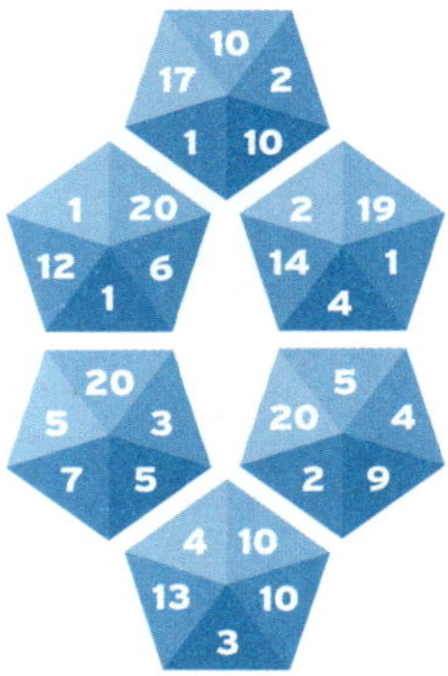

智力开发小贴士：这道应用加法和乘法运算的数学题会提高你的运算技巧，并提升你的自信。想象一个数字，比如 6，它可以被 1、2 和 3 整除，我们把这些数字称为因数，而 1、2 和 3 相加也等于 6。像 6 这样除自身以外的因数之和恰好等于自身的数字，我们称之为“完全数”。28 也是一个完全数（它除自身外的因数是 1、2、4、7 和 14）。你能找出 28 之后的完全数吗？当然，这可能需要一点时间才能计算出来（你可以在题目 2 的智力开发小贴士中找到答案）！

得分：

题目 02 甜点上的加法

正确填写数字的甜点金字塔如下图所示：

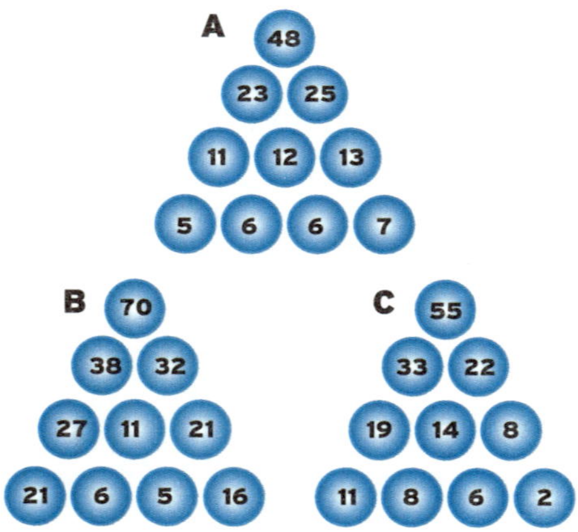

智力开发小贴士：我们每天都会遇到这种需要进行快速数学运算的情况。比如，你可能要一次性帮同事买咖啡、茶、果汁和热巧克力，此时为了计算出所需的总金额，你就要在头脑中进行加法运算。应对这种情况需要你有将大量数字相加并得到结果的能力，不然就只能可怜地等着别人来帮忙了。(题目 1 智力开发小贴士中问题的答案：在 28 之后的完全数是 496，它除自身外的因数是 1、2、4、8、16、31、62、124 和 248。)

得分：

题目03 “头号人物”酒吧的啤酒垫游戏

如图所示，右下方被框起来的四个图形符合题目要求。这四张啤酒垫包括：中间印有3的正方形，根据题目要求得出的值是12（4×3=12）；其余的是分别印有2、1和3的三角形，根据题目要求得出的数值别为6、3和9。所以，12＋6＋3＋9＝30。

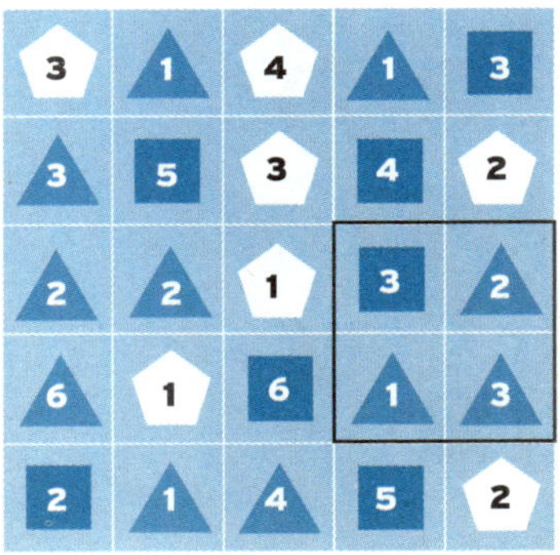

智力开发小贴士：为什么不尝试反向思考这道题呢？比如，你可以利用这种形式进行编码，以记住自己信用卡的密码或是网上银行的密码。假如你想记住数字4836，可以想象正方形中有数字1，正方形中有数字2，三角形中有数字1，三角形中有数字2，也可以只使用两个图形记忆：六边形中包含数字8（6×8=48），正方形中包含数字9（4×9=36）。

得分：

题目 04 枕头上的运算

如下图所示，两个 7 位数 5432768 和 5790731 只能垂直放置在表格两侧，你根据其他 3 位数和 5 位数与这两个 7 位数相交重叠的数字，就能找出唯一的答案。

<table>
<tr><td>5</td><td>3</td><td>3</td><td>7</td><td>8</td><td></td><td>5</td></tr>
<tr><td>4</td><td></td><td>4</td><td></td><td>5</td><td>2</td><td>7</td></tr>
<tr><td>3</td><td>1</td><td>5</td><td>7</td><td>6</td><td></td><td>9</td></tr>
<tr><td>2</td><td></td><td></td><td>8</td><td></td><td></td><td>0</td></tr>
<tr><td>7</td><td></td><td>3</td><td>8</td><td>3</td><td>3</td><td>7</td></tr>
<tr><td>6</td><td>9</td><td>4</td><td></td><td>0</td><td></td><td>3</td></tr>
<tr><td>8</td><td></td><td>6</td><td>4</td><td>0</td><td>4</td><td>1</td></tr>
</table>

智力开发小贴士：尝试将合适的数字组合到一起，比如尽可能让这 40 个素数——2、3、5、7、11、13、17、19、23、29、31、37、41、43、47、53、59、61、67、71、73、79、83、89、97、101、103、107、109、113、127、131、137、139、149、151、157、163、167、173——相互交叉。另外，你也可以写出家庭成员或同事的 8 位生日（年 / 月 / 日）数字，并试着让它们尽可能多地相互交叉。题目 24 也是一道同类型的题，你可以通过解答它看看自己是否从这一题中有所收获。

得分：

题目05 南极洲的数学游戏 I

答案应该是 343。得出这个答案的计算步骤如下：$321-69=252$；$252\div 3=84$；$84\times 3/4=63$；$63+27=90$；$90\times 4/5=72$；$72\times 5=360$；$360-17=343$。

智力开发小贴士：你可以很容易给自己出道相似的题目来练习。比如，用你现在银行卡的余额或你家的门牌号乘以 4，加上 256，再除以 2，减去 3，乘以 2，最终得到的答案是什么？我自己家的门牌号是 124，按照上述运算得出的答案是 746。你在出题时可以采用四舍五入的办法，这样运算中得到的数字就总是整数，会避免你因得出分数而算错。又或者，你可以尝试从另一个角度解决这个问题：如果运算开始的第一个数字是 450 而答案是 25，你能够通过五步运算从 450 得出 25 这个数字吗（比如减去 150，除以 3，乘以 5，减去 250，除以 10）？

得分：

题目 06 数学接力赛

答案如下：

13 × 5=65	85 × 4/5=68
(98–54) ÷ 4=11	373–262=111
16+13+2+5=36	35 × 3=105
140–74=66	23+59=82
15 × 12=180	23-5+11–19+3=13
65 ÷ 5=12	23+55=78
23+23+23+23=92	876–765=111
12 × 8=96	

智力开发小贴士：解答出这道题花费了你多长时间？对于一些人来说，完成这道题可能需要 15 分钟。我建议你重复计算这些算式，因为这样可以提高你的心算速度。当一个数字每一位上的数值比较小时，你可以单独将个位、十位、百位上的数字相加，比如计算 1321+2433，可以通过 (1 + 2)、(3 + 4)、(2 + 3) 和 (1 + 3) 轻松得出 3754 这个答案。

得分：

题目07 桌子代表的数字是什么？

答案如下图所示，A = 7、B = 4、C = 9、D = 16、E = 8、F = 2、G = 3、H = 18。因为在整数 1 ～ 20 中，F^2 =B，B^2 =D，所以 D 只能是 16，而 F=2，B=4，其他数字以此类推。

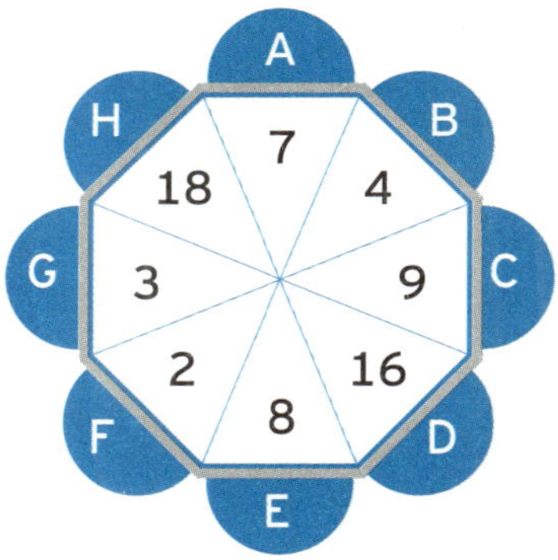

智力开发小贴士：这是一个可以帮助你熟悉数字小游戏，又称为“数字网球运动”，需要两个人一起玩，你可以与朋友、同事或孩子玩这个游戏。比如，阿伦和约瑟夫是一对好友，他们可以这样玩这个游戏：阿伦先给出一个数字 23，之后要求“把这个数字翻一倍”；约瑟夫给出答案 46，之后要求“加上 44”；阿伦得到答案 90，之后要求“除以 10”；约瑟夫给出答案 9，之后要求“加上 101”……以此类推。同样，把数字四舍五入可以减少答案中的分数，从而减少失误。

得分：

题目 08 竞价系列题

答案详见下图。根据左下角的数字 4 和符号，得知它上面的数字是 5，那么这一列的第一个数字是 1，第二个数字是 3，由此可推出第一行的第三个和第四个数字分别是 3 和 2；右数第一列中已有数字 5，所以第一行的第二个数字是 5，最后一个数字是 4。其他数字以此类推。

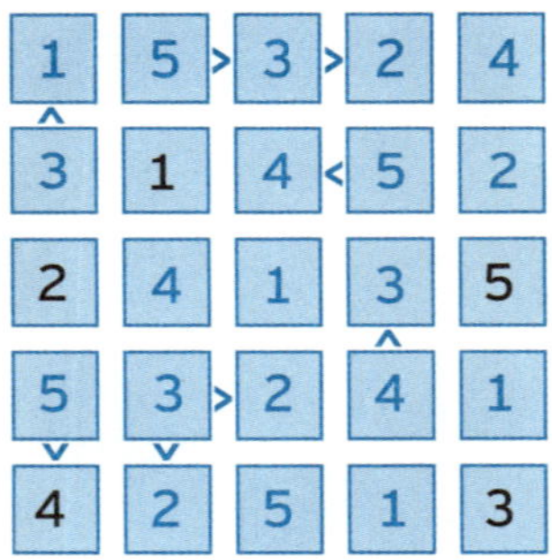

智力开发小贴士：坚持玩数字游戏，你就会发现不同数字的特点和它们之间的联系。在某些古典文化中，完全数（详见题目 1 答案中的智力开发小贴士）被认为具有某种神奇的力量。正如我们所看到的那样，一个完全数除自身外的因数相加，得出的总和等于它自身。如果这些因数相加之和比数字本身更大，我们就称其为过剩数。我们以 12 为例：它除自身外的因数 1、2、3、4 和 6 相加的总和是 16。你能推算出紧随 12 之后的两个过剩数是什么吗（答案详见题目 9 智力开发小贴士）？

得分：

题目09 安静的运算 I

答案如下图所示。有趣的是，五个运算公式中有四个都在最后一步运用了除法。

4	×	8	−	5	÷	3	=	9
7	×	8	+	4	÷	6	=	10
15	÷	3	+	2	×	6	=	42
19	−	11	×	8	÷	4	=	16
6	×	7	+	12	÷	9	=	6

智力开发小贴士：有些人习惯保留日常生活中的消费记录，时常根据这些数字计算总数、平均数一定会提高你的心算水平。比如，一个礼拜你会花多少钱喝咖啡？你每个礼拜在午饭上花费多少钱？又或者算算你其他的日常开销，如喝茶、吃糖果或买香烟（题目 8 智力开发小贴士中的问题答案：12 之后的两个过剩数是 18 和 20）。

得分：

题目10 “牌照”游戏 I

答案如下，在每一行中，两个斜体数字之和等于蓝色的数字。

14 ***24*** 7 34 11 55 8 2 **97** ***73*** (24 + 73 = 97)
101 202 305 ***69*** 404 506 ***32*** 907 31 68 (69 + 32 = 101)
39 41 53 63 82 93 124 118 ***33*** **72** (39 + 33 = 72)
3 2 ***6*** **30** 15 14 25 82 86 ***24*** (6 + 24 = 30)
791 917 717 919 ***91*** 19 999 99 **882** 1097 (791 + 91 =882)

智力开发小贴士：提高数学能力最好的办法就是坚持运算练习，特别是进行快速加减法运算，保持对数字的敏感度。看看这道有趣的题目：画一个由 4 个小正方形组成的大正方形，从整数 1 ～ 9 中选出 4 个数字填入这个正方形，用正方形中上下左右相邻的两个数字组成 4 个两位数，使之相加总和为 100。举个例子说明：在这个正方形的左上角填入数字 1、右上角填入数字 2、左下角填入数字 3、右下角填入数字 4，于是创造出 12、34、13 和 24 这 4 个两位数，根据题目要求，12 + 34 + 13 + 24 = 83。你能完成这个任务吗（答案详见题目 15 的智力开发小贴士）？

题目11 福尔摩斯俱乐部的小吃包装 I

答案如下所示。两个相邻数字 0 的两边方格内的数字只能是 1，中间间隔一个方格的两个数字 1 中间的数字必须是 0。

0	0	1	0	1	1	0	1	0	1
0	1	1	0	1	0	1	0	1	0
1	1	0	1	0	0	1	1	0	0
0	0	1	1	0	1	0	0	1	1
0	1	1	0	1	0	1	1	0	0
1	0	0	1	0	1	0	0	1	1
1	0	0	1	0	1	0	1	1	0
0	1	1	0	1	0	1	0	0	1
1	0	0	1	0	1	1	0	0	1
1	1	0	0	1	0	0	1	1	0

智力开发小贴士：锻炼一下你的图像思维能力：想象一个棋盘上有两枚棋子，白色棋子向前走三步，黑色棋子向右走两步；白色棋子向东南对角线走四步，黑色的棋子向后走两步；白色棋子向左走一步；黑色棋子向东北对角线走两步。你能否利用图像化思维想象出这两个棋子的行动轨迹？你可以通过真正的棋盘和棋子验证自己的思考结果是否正确。

得分：

题目12 8号特工 I

简单的答案是 4，困难的答案是 12。

智力开发小贴士：如果有时间，你可以试着玩我在题目 7 智力开发小贴士中提到的“数字网球运动”的单人版游戏。这个游戏你可以一个人进行，从数字 10 开始，随意设定模式数字，按照加、减、乘、除的顺序进行运算。假设我们第一次使用的模式数字是 3，第二次是 4，第三次是 2，第四次是 1，那么你就先加 3（10 + 3 = 13），之后乘以 4（13 × 4 = 52），再除以 2（52 ÷ 2 = 26），然后减去 1（26 – 1 = 25），以此类推。和前面一样，运算时应避免得出分数而出错。

得分：

题目 13 28 块蛋糕

完整的蛋糕金字塔如下图所示。根据图形右下角已有的数字 7 和 5，可得出数字 2、9 和 16，之后再根据数字 36 推导出数字 20……以此类推。

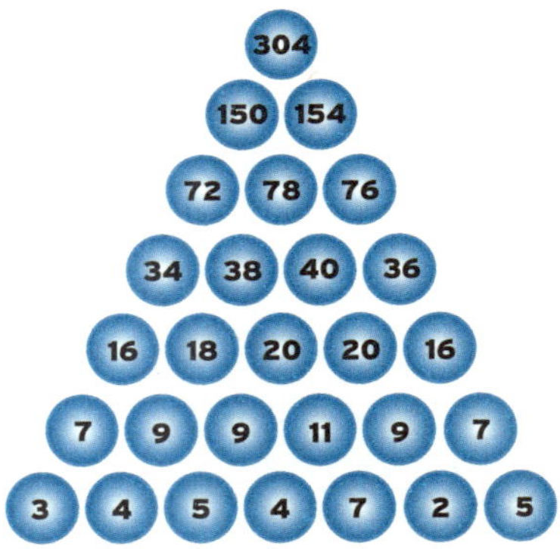

智力开发小贴士：玩飞镖游戏有利于开发你的心算能力，因为在游戏中你必须不断地计算分数。当然，你也可以在电脑或手机上玩这个游戏，但如果你想通过这个游戏提高心算水平，就尽量不要看屏幕上的计分器。如果条件允许，找几个好朋友一起玩会更有趣。

得分：

题目 14 补充缺少的元素

网格的每一行和每一列中都包含三个蓝色的正方形，且数字总和为 20。所以，如图所示，A 是含有数字 5 的蓝色正方形，B 是含有数字 3 的蓝色正方形，C 是含有数字 8 的灰色正方形。

A	B	C
5	3	8

智力开发小贴士：这个排列组合游戏也可以帮你提升对数字的信心：想象一下，一个普通棋盘上有一枚标有数字的棋子，如果棋子向前移动一步，那么就将该数字及所有运算得到的结果之和乘以 2；如果棋子向任意一个前对角移动一步，那么就需要将该数字与前面所有运算结果之和乘以 3；如果向后移一步，那么就需要将该数字与前面所有运算结果之和乘以 4；若是向任意一个后对角移动一步，那么就需要将该数字与前面所有结果之和乘以 5。如果棋子上的数字是 2，那么它向前移动 2 步，向后 1 步，向前对角移动 3 步，得到的结果是什么？我的答案是 4320。现在按照上述移动，试着算出棋子代表数字 3 时的结果。

得分：

题目 15 时间数字游戏

用一周的天数（7）乘以一天的小时数（24），加上一年的周数（52），再乘以一个世纪的年数（100）为：(7 × 24+52) × 100=22000；用这个数字减去每天的分钟数（60 × 24=1440），再加上十年中的月数（120）为 22000–1440+120=20680。公元 1000 年到现在的年数为现在的年份（我做这道题的时候是 2011 年）减去 1000，得到数字 1011，该题最终的结果为 20680+1011=21691。如果，你做这道题时的年份是 2015 那么答案就是 21695；如果你是在 2016 年做的这道题，那么得到的答案就是 21696，依此类推。

智力开发小贴士：思考下面这些题目能让你的大脑得更活跃：如果周三被废除，那么每四周之后，周三这一天就会变成周二，那么这一年会有多少个周二？如果你吃三天草莓甜甜圈，总计获得 380 卡路里的热量，那么你一周从草莓甜甜圈中摄取的热量是多少卡路里？根据我的计算，答案是有 65 个周二和 7980 卡路里（题目 10 智力开发小贴士中的问题答案：1 在左上角，2 在右上角，4 在左下角，7 在右下角，得到的两位数分别是 12、47、14 和 27，总和为 12+47+14+27=100。）

得分：

题目16 填数游戏 I

答案详见下图，网格第二行左侧包含 6、7、8、9 这个数字序列。

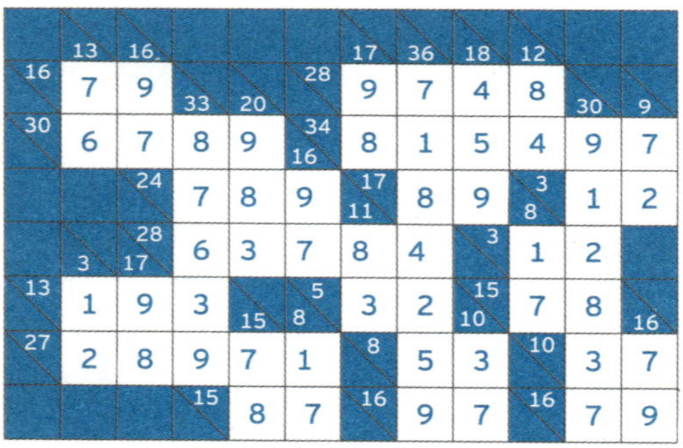

智力开发小贴士：如果你想继续练习，互联网上有很多类似的数字题目。让我们看看这道题：给出一个数字，比如 132，计算出它除自身的因数，然后思考这些数字加在一起的总和有几种类型。当我们用这种方式思考数字的时候，会发现这些因数加在一起会得出完全数和过剩数（详见题目 1 和题目 8 的智力开发小贴士）之外的第三种类型。当一个数字除自身外所有的因数之和比这个数字小，我们就称其为“亏数”，比如 15、16 和 17。你能推算出接下来的两个亏数是什么吗(答案见题目 17 智力开发小贴士)？

得分：

题目 17 有趣的数字平衡游戏

答案如下图所示，你会注意到网格最左列包含 1 ～ 6 这个数字序列。

1	6	5	2	3	4
2	1	4	5	6	3
3	4	1	6	5	2
4	3	6	1	2	5
5	2	3	4	1	6
6	5	2	3	4	1

智力开发小贴士：告诉你个有趣的小秘密：如果你选择了一个可以被 9 整除的数字，并且将这个数字的个位数、十位数、百位数……相加，得出的新数字依然可以被 9 整除。我们拿 99 举例，如果将这个数字的个位和十位相加：9 + 9 = 18，18 仍然可以被 9 整除，即 18 ÷ 2 = 9，任何可以被 9 整除的数字都是如此。事实上，你越了解数字之间的联系，就越容易看破题目中数字的组合规律，当然也会在测试二中取得更好的成绩（题目 16 智力开发小贴士中的问题答案：17 之后的两个亏数是 19 和 21）。

得分：

题目18 剧本中的三合作 I

答案如下图所示。在图形的最下面一行的右侧是数字 4 和数字 6。所以数字 4 的旁边应该填入数字 1，接下来因为图示倒数第二行已经有数字 1，所以这一行的最右侧应该填入数字 3，剩下的两个位置应该填入数字 5 和数字 2。

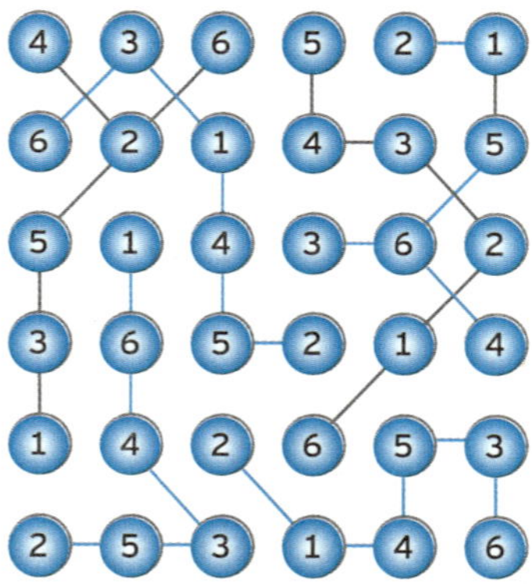

智力开发小贴士：你可以在网上搜索数独游戏（sudoku），通过练习增强自己处理数字的技巧。事实上，我们的大脑正是在这些练习中不断进步，从而能在纷繁复杂且发展迅速的社会中得以生存和发展。

得分：

题目19 数字编号

答案如图所示，这组数字编号是 569452。

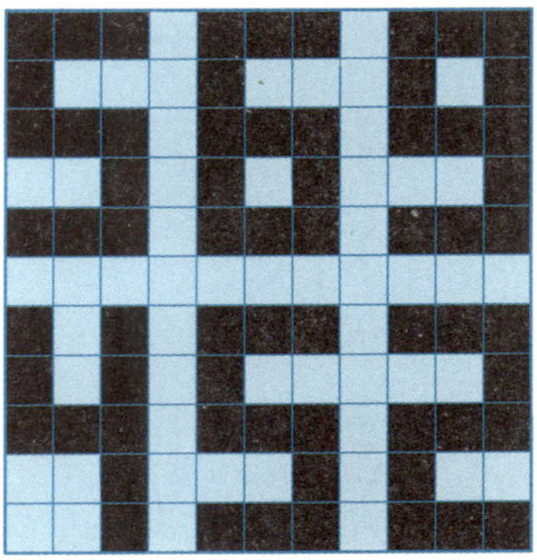

智力开小贴士：我在之前的智力开发小贴士中已经提到，想要更轻松地解答这类题目，最好的训练方法就是以网格的方式编码一些自己的信息，或用交叉或分割符号制作一些简单的图形。新鲜有趣的测试能有效提升你的图像思维能力和处理数字的技巧，在这个过程中，保持虚心的态度很重要。我们知道，物理学家爱因斯坦（Albert Einstein）是个智慧非凡的科学天才，提出了相对论和许多物理理论，但他曾谦虚地说："我并没有特殊的才能，只是比常人多了几分好奇。"

得分：

题目 20 圆球称重 I

如图所示，条纹球重 1 磅，白色球重 2 磅，圆点球重 3 磅，浅色球重 4 磅，深色球重 5 磅。由此可知，最后一张图中平衡称左侧的重量为：4 + 4 + 1 = 9（磅），只要使平衡称右侧的重量也是 9 磅即可平衡，需要 3 个圆点球（每个重 3 磅）。

智力开发小贴士：这道题是美国智力游戏设计师萨姆 · 劳埃德（Sam Loyd，1841-1911 年）大力推广的一道趣味平衡秤题目，你可以在网上搜索“萨姆·劳埃德谜题”（Sam Loyd' s Puzzling Scales）。劳埃德是一位美国棋手，同时也是一名趣味数学家，想了解更多好玩的相关题目，可以查阅萨姆 · 劳埃德和马丁 · 加德纳（Martin Gardner，1914-2010 年）共同编著的《萨姆 · 劳埃德的数学趣题》。加德纳也是一名伟大的趣味数学家，他为《科学美国人》杂志编写“数学游戏”专栏长达 25 年，大家都称他为“一个地道的美国天才”。在完成“萨姆 · 劳埃德谜题”之后，你还可以在网上搜索更多类似的题目进行练习，之后尝试着完成题目 27，看看自己有什么进步。

得分：

题目21 脸谱运算 I

如图，这些人物脸谱分别代表1、4、5和8，而题目中问号所代表的数字是18。

智力开发小贴士：想要练习这种类型的题目，你可以去网上搜索“符号谜题“。在我的《数学大师》（*Math Master*）一书中也有一些很好玩的网格和符号逻辑题，比如按照A = 26, B = 25, C = 24…… Z = 1进行简单编码，之后你就可以用字母表示你朋友的手机号，或者反过来用数字表示他们的名字。

得分：

题目22 结婚纪念日迷宫

按照题目要求，网格中的路径如下图所示，路径从最右侧上方的 3 个正方形开始推进。

36	22	78	70	30	40	12	13	52
40	94	96	80	16	54	30	77	72
42	74	48	54	76	64	44	68	92
60	56	28	22	98	86	18	22	36
80	69	12	30	40	36	32	62	52
84	78	20	88	24	46	72	50	64
92	38	22	90	66	34	96	34	70
16	24	32	28	50	38	76	16	56
22	46	14	82	94	82	62	26	88

智力开发小贴士：你熟悉 4 的倍数吗？你能找出 4 到 100 之间所有 4 的倍数吗？在这个范围内或许有几个你并不熟悉的数字。试着总结这种类型的题目，给自己限制一定的时间和范围，看看能够写出多少个某一数字的倍数。当你的思路越清晰、越熟悉这些数字，也就越容易解决这类题目。

得分：

题目23 连接数字 1 ~ 49

答案如下图所示。按照提示，数字 1 沿对角线移动到数字 2，数字 2 水平移动到数字 3，数字 3 水平移动到数字 4……每道 Hidato 数列题都有其独特的解决方法。

20	19	18	17	2	3	4
21	15	16	1	35	36	5
22	24	14	33	34	37	6
23	25	32	13	40	38	7
26	31	42	41	12	39	8
30	27	43	49	48	11	9
29	28	44	45	46	47	10

智力开发小贴士：如果你想在互联网上就这一类题目进行练习，搜索“Hidato 数列题”或者查看乔诺·贝内德克的书《Hidato: 200 个纯逻辑题》（*Hidato：200 Pure Logic Puzzle*）和《Hidato 口袋书》（*Pocket Posh Hidato*）。

得分：

题目24 餐厅数字游戏

答案如下所示。先将两个 7 位数填入网格，之后就能在合适的位置放入 24555，并以此推导出以 5 开头的两个 3 位数的位置（567 和 568）。

2	4	5	5	5		3
4		6		6	5	4
3	5	7	3	8		6
3			4			9
7		3	5	2	5	7
4	2	5		5		4
3		6	1	6	3	3

智力开发小贴士：解答这类题目最简单的方法，就是先从出现频率最低的数字入手，比如这道题目中的两个 7 位数。这种游戏看起来像用数字代替字母的纵向填字游戏，你需要找到数字的交叉点，把它们填入正确的位置。在网上搜索“交叉数字游戏“(number jigs) 可找到相似的题目供你进一步练习，当然，我也推荐你设计自己的数字交叉题目，在这个过程中获得的经验将会帮你解决不少难题。

得分：

题目25 联合大作战

题目中的对角线提示会帮助你完成这到题。答案如下图所示：

			17	19		17	11			
	1	9	6	5	3	7	8	4	2	
	8	5	3	4	6	1	2	9	7	
28	4	7	1	9	3	8	5	6	2	33
	1	5	3	4	7	6	2	8	9	
28	4	6	9	8	3	5	7	1	2	17
	9	2	4	5	7	1	6	3	8	
10	5	7	1	8	2	3	9	4	6	10
	3	8	4	7	6	1	2	5	9	
	5	7	9	8	4	3	6	1	2	

智力开发小贴士：如果你会下国际跳棋，这道题就很容易理解了。国际跳棋是一种用棋盘玩的游戏，历史可追溯到古埃及法老时期，它有助于提升你的视觉化思维能力和连续思维能力，并能帮助你解决这类题目。你已经完成了本书测试一中的所有题目，我在智力开发小贴士中也多次给出了建议——如果你想轻松、快速地解决数字题目，就必须对数字的性质、组合和理论感兴趣。接下来的测试二中还有更多的数字题等着你去解答。

得分：

还记得我之前的建议吗？一旦你完成了测试一，先休息一下，整理自己的思路，准备迎接接下来的测试二……

BRAIN
BUILDER
NUMBERS

测试二

你做好迎接测试二的准备了吗？在这一部分，我们将提供给你检验自己的机会，看看你是否从测试一的题目、智力开发小贴士和答案中得到了帮助。我们依然在这一部分给出了 25 道不同难度的题目——10 道比较容易的题目、10 道中等难度的题目和 5 道难度较高的题目。祝你好运，请继续享受解题的美妙过程吧！

题目26 井字游戏

3	4	3	3	3	7	4
5						4
3	O					2
3		X				6
4		X	O			4
6	X			X		4
4	4	3	4	4	6	3

这是一道有趣的井字游戏题，原来在校园中流传甚广，本道题是为电视节目《谜题秀》特别设计的。图中围绕在网格周围的数字表示其所在方格对应的水平方向、垂直方向和对角线方向所有方格内 X 数量的总和。你能根据已经给出的数字，将网格中的 X 和 O 全部填上吗?

当然，两横行上的数字没有对应的水平方向方格，左右两列上的数字没有对应的垂直方向方格，而位于图中 4 个角落的数字，只代表其对应方格对角线上的 X 数量。这是一道精致的迷你版井字游戏题，可以测试你对数字和图像的敏锐程度。

提示：

先从位于 4 个角落的数字推算其对角线上的 X 数量或许是个好方法。

题目27 圆球称重 II

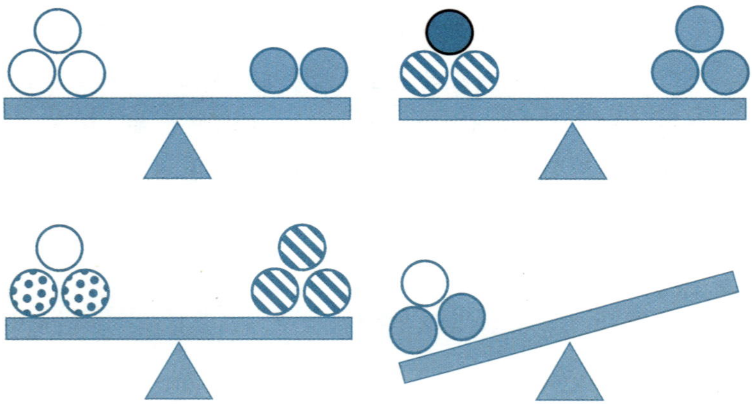

题目 20 中的肉店的助理为自己创建了一系列编码备忘录，并把它们记在了商店交易记录的单子上。在题目 20 中，我们已知不同颜色和不同样式的圆球分别重 1 磅、2 磅、3 磅、4 磅和 5 磅，同样，你在这道题中的任务仍然是推算出每个球的重量，之后判断需要多少个条纹球才能使最后的平衡秤处于平衡状态。

这是一道典型的数字编码题，能够锻炼你的思维能力和数字组合能力。

提示：

首先通过第一个平衡秤，可以判断出白色球和浅色球的重量。

题目 28 安静的运算 II

3	○	9	○	2	○	5	=	5
9	○	4	○	6	○	6	=	7
18	○	6	○	4	○	8	=	56
21	○	7	○	2	○	7	=	4
9	○	7	○	9	○	12	=	6

寺庙僧人在斋堂禁言时（见题目 9），对另外一道类似的题目进行了运算，同样要求运用最基本的“+”“–”“×”“÷”运算符号完成公式，你能帮助他们吗？具体规则如下：

- 在每个算式中填写上述 4 种运算符号中的 3 种。
- 每一步不能得出比 0 小的数字。
- 算式始终从左到右进行运算。

这又是一道需要在有限时间内，通过加、减、乘、除进行运算的有趣数学题。

提示：

随着做的题越来越多，我们已经认识到除法通常会应用在算式中较大数字的后面。

题目29 花园里的数字路径

	42		44	4		
40		29				7
39	31		28	27		47
	1	32			49	
		25		21		19
	34		24	23	22	
35	12					17

一名园艺师在屋顶冥想后，发明这道数字题。如果你是一名访客，必须先完成下面的网格——使得地板砖 1 ~ 49 可以在水平方向、垂直方向和对角线方向按照数字顺序连成一条路径——之后才能进入花园。

乔诺·贝内德克的 Hidato 数列题（详见题目 23）受到全世界解题者的喜爱，可测试人的图像思维和数字思维能力，你可以根据网格中已经给出的数字找到适合的路径。

提示：

从数字 1 到数字 4 只有一条路径，但数字 4 到数字 7 的路径你需要进行选择。

题目30 南极洲的数学游戏 II

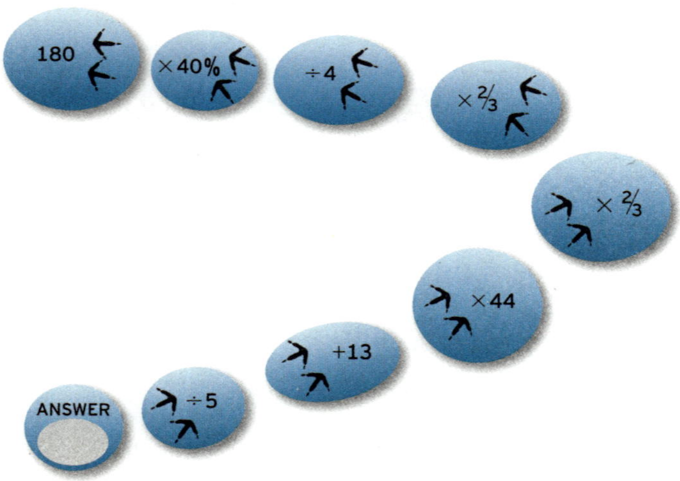

计算机老师设计了“南极洲的数学游戏Ⅰ”(题目5),这种有趣的方式可以让学生练习数学运算,帮助他们轻松通过考试。下面是一道新的游戏题,和之前的玩法一样:玩家选择一个企鹅角色,按照顺序进行数学运算并从石头上一步步走过去。根据石头上的数学指令完成运算,你最终得到的答案是什么?

再次声明,不准使用计算器!完成这道题目会提高你的运算能力和对数学运算的信心。我建议你能抓住日常生活中的一切机会练习心算。

提示:

这道题增加了百分比的运算,你可以先算出数字的10%,之后再乘以4。

题目31 团体比赛

金牌队：

1 号队员： 3A，5B，0C，10D (–12)
2 号队员： 5A，3B，8C，8D (–1)
3 号队员： 2A，13B，3C，11D (–10)

银牌队：

1 号队员： 3A，3B，3C，20D (–12)
2 号队员： 4A，12B，5C，1D (–17)
3 号队员： 5A，4B，4C，12D (–0)

铜牌队：

1 号队员： 1A，6B，11C，11D (–3)
2 号队员： 5A，5B，3C，10D (–2)
3 号队员： 1A，3B，4C，13D (–0)

由你主持的综合能力测验一共有 3 个团队参与——金牌队、银牌队和铜牌队，每队有 3 个人。测验题目分为 A、B、C、D 这 4 类，A 题价值 4 分，B 题价值 3 分，C 题价值 2 分，D 题价值 1 分，知识点回答错误扣 1 分（图中括号内的数字）。

举个例子，3A，2B，0C，1D（–3）表示是一个队员正确回答了 3 道 A 题，2 道 B 题，没有正确回答 C 题，只回答正确了 1 道 D 题，但有 3 个知识点回答错误。按照图中提示，你是否能计算出哪个团队获得第一名？第二名和第三名分别是哪个团队？

这只是简单的数学运算，不要着急，因为越着急越容易出错。每一队的总分非常接近，运算过程中的一点小错就会导致你得出错误的答案。通过计算这道题目，你会发现对自己的心算能力更有信心了。

提示：

你可能会认为银队获胜了，因为队员得到了很多 4 分和 3 分，但真的是这样吗？

题目32 找到数字的关系

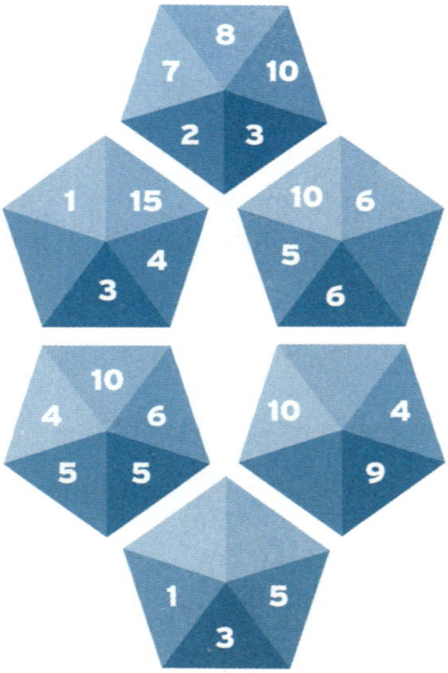

一名刚从艺术学校毕业的实习生设计了几顶印有数字的时髦女帽，为了推广产品，她在帽子上加入了数字谜题元素，并得到了老板的认可，打算把这些帽子在时尚展览会上展出。你能解开设计者出在帽子上的题目吗？你的任务是找出数字背后的关系，并在图中空白的位置填上适合的数字。

拥有处理数字的技巧和自信，会让你在工作中表现得更加出色。在这道题目中，你需要找出每组数字之间的关系，与题目1相比，你能更轻松地找出答案吗？

提示：

首先，看看两个五边形中相邻三角形内的数字有什么联系。

题目33 空间站中的数字序列

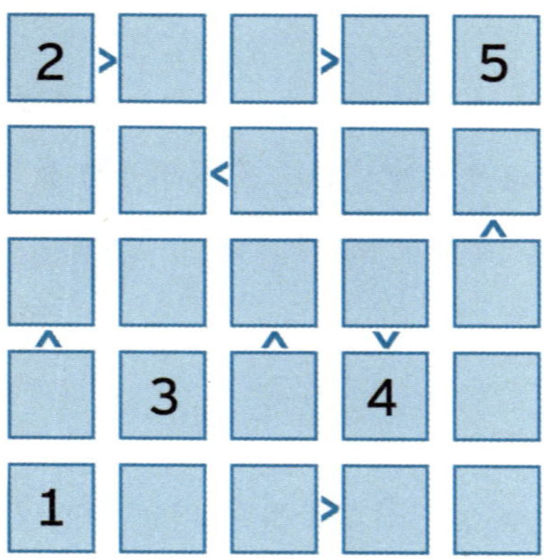

在宇宙空间站，一名宇航员休息的时候为他的伙伴设计了这道数字序列题。大于号（>）开口方向方格中的数字要比后面的数字大。你能够完成整个网格，使其中的每一行和每一列都包含整数 1 ～ 5 么？

将这道题与题目 8 进行比较，你是否用到了从题目 8 中获得的经验来解答这道题？你需要在已知数字的基础上进行清晰地逻辑分析。

提示：

给出的数字和符号可以让你先完成第一行，然后再推算出整个网格需要的数字信息。

题目34 8号特工 II

简单	困难
4	4
+12	×7
÷4	+37
+23	÷13
÷3	立方
−2	+28
×6	÷9
×2	×7
−3	−23
÷9	÷12

这道测试运算题同样来自电子游戏“8 号特工”，和我们之前练习的较为简单的题目 12 一样，你需要从已经给出的数字开始，从上到下进行运算并得出两个答案。

你准备好了吗？预备……开始！与我在题目 12 中给出的建议一样，你要在一定的时间限制内完成解题。你能在 1 分钟之内完成这两列运算吗？如果你懂得使用一些运算技巧，就会在某种程度上提升运算速度。

提示：

你可能会感觉得到“简单”组的答案很轻松。

题目35 太空行走运算题

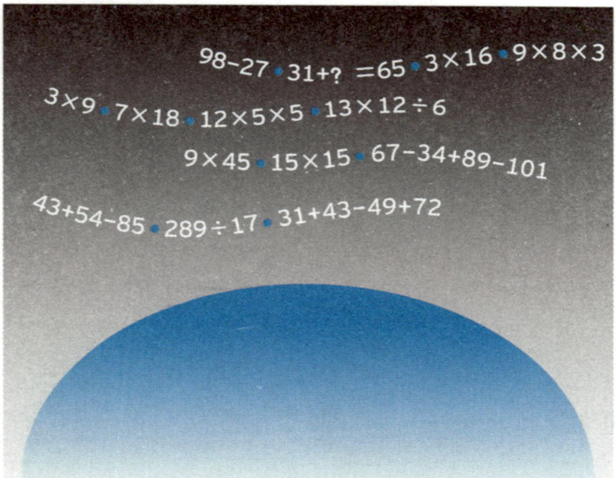

一位宇航员将要进行太空行走，为了保持警觉，他的同事便通过耳机念这道数学题给他做，你能得出正确答案吗?

在执行困难任务或专心投入研究之前，进行一些心算会帮助你更好地集中精力，是很好的热身活动。

提示：

举个例子，计算 3 x 16 时，你可以通过将较大数字分成较小的数字来简便运算，如 3 x 8 x 2。

题目36 夏天的闪电逻辑题

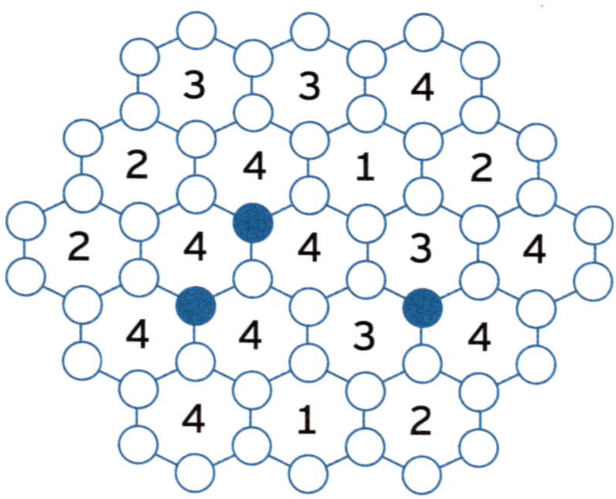

在夏天的一场露天聚会上，一个哲学家兼逻辑学作家在看到了闪电之后，发明了这道数字逻辑题目。观察他画的设计图，你可以看到图中由圆圈和连接线组成的包围圈内有一些数字，而且其中一些圆圈已经被涂上了颜色。你的任务是为更多的圆圈涂色，使每个数字周围的有色圆圈数等于该数字。我们可以看到，每个包围圈内的数字都比 1 大，一个有色圆圈还会与几个包围圈内的数字相关。

解答这道题有利于提升你的思维清晰度和空间思维能力。解题时，你先将注意力放在某个你确定不应涂色的圆圈上可能会有所帮助。

提示：

不要忽略一个圆圈可能会和几相邻的数字相关，比如图中左上方的两个数字 3 就共享了两个圆圈。

题目37 加强版联合大作战

			12	27		22	11			
	7	4		8			6		2	
		2		9		5		1	6	
30	3		7	5	1			4	2	28
	4		3		6				8	
16	1	9		2		7	3		6	20
		8			5	4			1	
11		2			8		5		9	8
		4	7	5				6		
	1	3		4	8	6			5	

题目 25 中的网球队员又发明了另一道填字游戏，要求和之前一样，将整数 1 ～ 9 填入网格中合适的位置，网格外侧的数字表示其对应箭头所指的对角线上数字总和。具体规则如下：

- 相同数字可以在同一竖列中重复出现。
- 相同的数字不可以相邻（包括对角相邻）。

与其他类似题目相比，本题每一列可以出现重复数字的要求并不会增加难度，只是增加了对角线中数字的相关推导运算。

提示：

为什么不从最上面一行给出的 4 个提示数字入手？请注意，提示数字 22 对于解题很有帮助。

题目38 脸谱运算 II

题目 21 中的健康食品店员工又以他的同事为原型，制作了一系列“人物脸谱运算题”，并将表格陈列在商店中，在整个小镇进行宣传。与题目 21 的要求一样，每个脸谱代表着不同的整数 1 ~ 9，图片给出了每一行和每一列中脸谱所代表的数字总和。你的任务是推算每一个人物脸谱所代表的数字，并得出问号位置的数字。

在解码类型的题目中，你可以通过排除法排除错误答案，这个方法十分好用，还能帮你在解题中减少运算次数。在小说《四签名》（*The sign of the four*）中，柯南道尔（Arthur Conan Doyle）就这样称赞福尔摩斯：“排除所有因素，最后剩下的那个就是真相。”

提示：

根据图中第三行可知，那名浅色头发戴眼镜的员工代表的数字肯定很小。

题目39 填数游戏 II

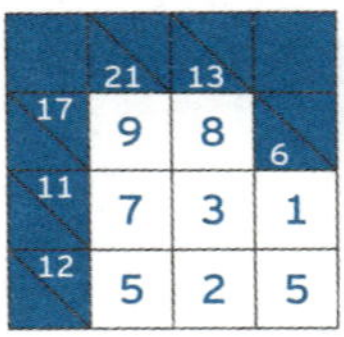

这又是一道交叉填数字游戏，与题目 16 中那名私人教练为的演员设计的题目类似。你能根据图中的提示填入合理的数字吗？具体规则如下：

- 每块空白的正方形都包含了 1 ～ 9 中的任意一个整数。
- 连续的空白正方形中数字相加的总和为这一列或行上面或左侧的数字（例如，左侧网格中的 9+8 等于其左侧的 17；9+7+5 的总和是这一列顶端的数字 21，以此类推）。
- 水平或垂直连续的多个正方形中的数字不可以重复。

这道数字谜题在数字组合方面给了我们一种全新的体验，它是一道真正的国际逻辑题，在题目中没有任何语言提示。我相信解答完这道题后，你一定会充满成就感，并对自己的数字逻辑能力信心满满。

提示：

仔细观察网格图中交叉的数字，最右侧两块垂直方向的方格数字总和是 3，在水平方向与它相关的两个方格数字总和分别是 5 和 11。

题目40 玻璃窗上的运算

	1	2	3	4	5	6
1						
2						
3						
4						
5						
6						

一位设计师为某大学设计了数学教室，并在玻璃窗上创作了这道 6×6 的网格题目。图中 6×6 的网格里总计有 36 块正方形，需要填入整数 1 ～ 9，每个数字要求被使用 4 次，相同的数字不可以水平或垂直相邻。根据以下每行和每列的提示填满网格：

横行：

1. 有两个 1，8 是唯一的偶数。
2. 有两个 8，5 是唯一的奇数。
3. 有两个 3，没有偶数。
4. 有两个 2，1 是唯一的奇数。
5. 6 个数字连续且按照顺序排列。
6. 有两个 9。

纵列：

1. 有两个 2，数字总和是 21。
2. 数字总和是 21。
3. 有两个 7。
4. 6 个数字连续且按照顺序排列。
5. 有两个 6，没有 9。
6. 有两个 1。

提示：

网格内 4 个角落的数字差距较大。

题目41 冰激凌塔数学题

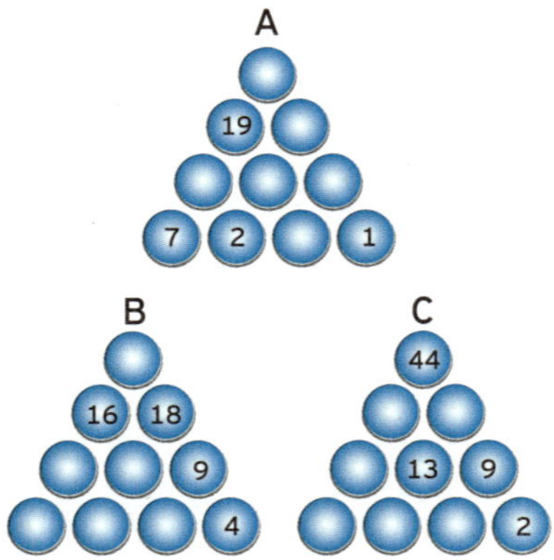

题目 2 中的法国糕点师又创作了另一道甜点金字塔数学题，这次他用的是冰激凌，上面的数字由巧克力酱写成。你能在 1 分钟之内解决这道题吗？每一份冰激凌上的数字是下面两份冰激凌数字的总和，你需要将适当的数字写在空白的冰激凌上，完成三个冰激凌塔。

根据冰激凌塔中已经给出的数字，我们需要运用加减法快速计算出每份冰激凌上的数字。这道题目的难度在于，如果运算时间过长，冰激凌会化掉，当然游戏也就失败了。

提示：

冰激凌塔 C 中的运算看起来相对容易。

题目42 “牌照”游戏 II

5	55	89	54	31	92	25	65	41	59
7	134	67	73	81	61	78	84	2	135
45	32	2	33	90	21	30	67	19	7
123	321	231	334	434	333	455	544	457	553
3	9	13	5	11	22	40	7	32	24

这是电子游戏“牌照（Numeroville）”中的另一道题，和题目 10 一样，你必须回答正确，才能继续在游戏中赚钱。在图中的数字里，每一行都有一个数字是此行另外两个数字之和，你能找出这相应的三个数字吗？

解答这道题目需要你快速读取和组合数字，当然也必须为自己设置一定的时间限制。在电子游戏中，这道题给玩家的解答时间是 90 秒，你能保证自己在这个时间内完成吗？

提示：

对于较大的数字来说，先把个位和十位上的数字相加可能会有所帮助。

题目43 剧本中的三方合作 II

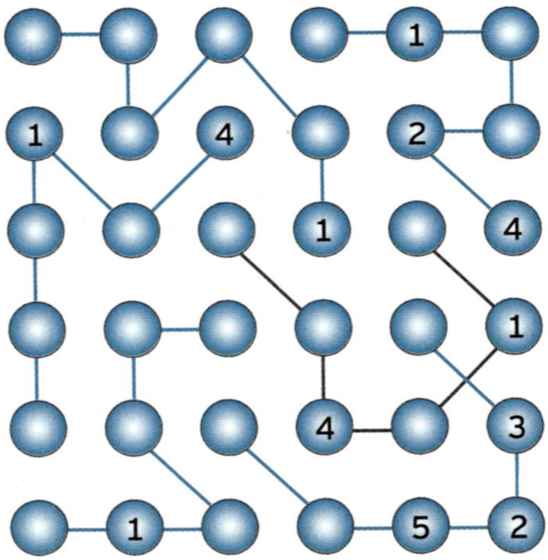

题目 18 中戏剧《三》的编剧从伦敦来到百老汇，打算为他的新剧进行宣传，并给记者出了一道同样需要三方合作完成的题目，你能得出答案吗？题目要求图中网格的每一行、每一列以及用直线连接的圆圈组合链中都包含整数 1 ~ 6。

类似谜题你做得越多，完成起来就越轻松。试着总结并记住解决这类题型所需的技巧和策略。

提示：

根据图中右下角给出的几个数字，你完全可以填满一条由直线连接的圆圈组合数字。

题目44 浴室中的数字题

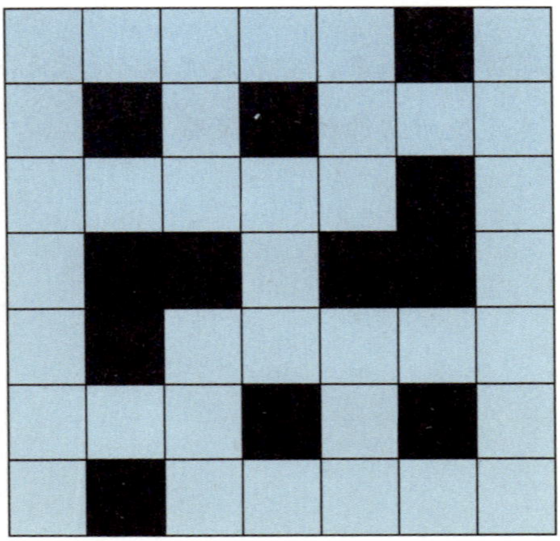

197
182
453
502

550
656
905
28174
43253

60133
62783
2246333
2746891

题目 4 和题目 24 中的“谜题旅社”又出新题了，工作人员将数字拼图重新排序，使顾客在浴室洗澡时也可以做题锻炼头脑。和题目 4、题目 24 的要求一样，请为图中网格下面列出的数字找到适合的位置。

与之前一样，我们不用花费太多时间就可以找到两个长数字的位置，之后可运用数字逻辑思维推导出其他相关数字的位置。你能在 90 秒之内完成这道题目吗?

提示：

没有任何一个 5 位数可以与以 1 为结尾的 7 位数相交。

题目45 数字连线游戏

9								4	12
						10			
						11			
	11	7		3				4	
						12			
2	8					5			5
						13			
		10					1	6	
		7		3	6	9	1		
2				8					13

一个青年俱乐部的员工发明了这个游戏，希望以此鼓励俱乐部的年轻会员珍惜友情和亲情。题目要求将图中网格里的两个相同数字用一条线相连（可以在水平、垂直方向进行连接，但不允许按对角线方向连接），具体规则如下：

- 任何线都不可相交、重叠，也不可穿过其他数字。
- 当你用线连接所有数字后，网格中的每个小正方形都被线穿过。

这道题目很新颖，为你的图像思维能力和点对点的思维能力提供了锻炼机会。

提示：

先在题目中找到最容易连接的两个数字（比如两个 2），之后再连接相对复杂的线路，需要转 90 度的直角弯，切记没有对角线方向的线条。

题目 46 画布上的数字题

				7		
	6				2	
5				6		
4						
		1		2		3

一名艺术家在巨大的画布上设计了这道拼图题目，你能解决它吗？题目要求将整数 1 ~ 7 填入图中网格的每一行、每一列和每一个由粗线划分出的区域中。图中已经预先给出了一些数字作为提示。

通过对本书之前题目的练习，相信你解决这道题所需的数字和图像思维能力已经得到了提高。如果你想要进一步练习，可以在网上搜索“锯齿数独”(jigsaw sudoku)。

提示：

网格中有一行数字是按顺序连续排列的。

题目47 金字塔堆积游戏

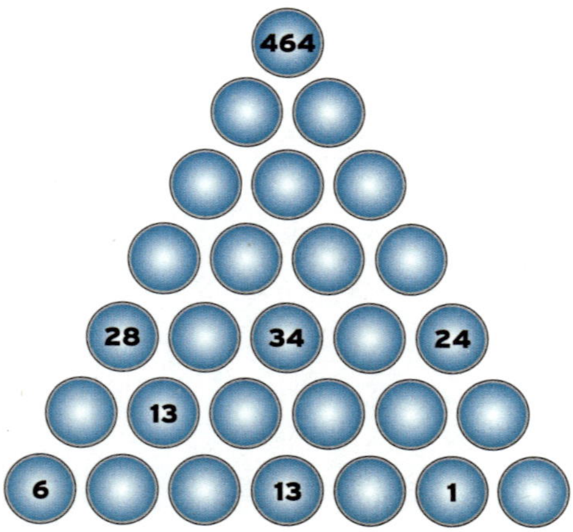

一个游戏玩家发明了这道题，每个圆圈中的数字是它下面两个圆圈中数字的总和。你能在空白圆圈中填写正确的数字，完成这个金字塔吗?

我们之前已经做过类似题目，这类简单的数字题可以增强你对自己快速运算的信心，而我在书中也提供了很好的练习方法。你能在1分钟之内完成这道包含加减法运算的题目吗?

提示：

填完部分数字后，你会发现金字塔的中间部位出现了数字对称。

题目48 福尔摩斯俱乐部的小吃包装 II

								0	
						0		1	
									0
		0						1	
		0		0		0	0		0
	0					0			
			0						
0	1				0		0		1
	1		1	1				0	0

福尔摩斯俱乐部在坚果包装袋上也有一道数学游戏题(详见题目 11)，这一次你能完成吗？具体步骤如下：

- 在网格空白处填入数字 0 和 1，确保每一行、每一列中的 0 和 1 个数相同。
- 在网格横竖相邻的小方格中，不能有 2 格以上数字重复。
- 行或列的数字排列不能重复，题目的答案是唯一的。

我发现这道题与题目 11 都对我们的逻辑思维很有挑战性。其实面对不同类型的题目，我们每个人会有一些优势和劣势，但是经过越来越多的练习，我们就会发现解决起这些难题越来越容易。

提示：

注意行或列的数字排列不能重复。

题目49 万米高空中的数字题

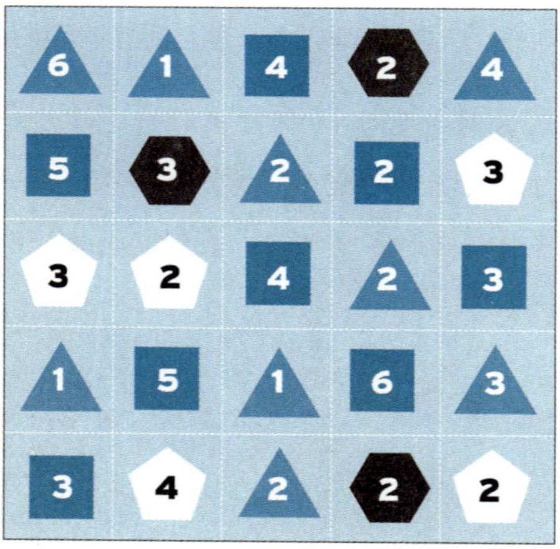

这道题是智慧光航空公司送给每位乘客的礼物，名为“智慧光之旅”。如图，每个图形的价值是这个图形的边数乘以它里面的数字（也就是说，包含数字 4 的三角形的价值是 12）。你能在网格中标出一个含有四个图形的正方形，且这个正方形内图形的总价值是 50 吗？

你可能会发现自己解答这道题的速度比解答题目 3 要快。你尝试题目 3 智力开发小贴士中的建议了吗？你也可以尝试用试错法解决这道题。在我做这类题时，只要写下每个图形的价值就能很快找到答案。

提示：

50 是一个相对较大的数值，所以你应该从边数较多的图形开始找。

题目50 “挤”进去的数字

								93
13	7		14		9		1	76
12		2		1	3			49
	2		17			14		84
7	15		13	20	16	20		111
		16					3	78
16	5			9			2	84
		17			11		12	87
19		11		10			3	100
86	47	101	115	82	79	110	49	96

一名旅者从狭小的旅馆离开后，突然灵光一闪，发明了这道要求很高的题目。这道题需要你将整数 1 ～ 20 填入图中网格的空白区域，有些数字可能被多次使用，而有些数字可能完全不会被用到，你能将合适的数字“挤”进网格中吗？具体要求如下：

- 每一行最右面的数字是这一行数字相加的总和。
- 两个黑色正方形中的数字是其对应的两个对角线上数字相加的总和。
- 每一列数字相加的总和等于这一列最底部的数字。

解答这道题需要你高度集中注意力，仔细审视每一行、每一列和对角线上的数字，并计算其总和。

提示：

从第四行开始计算，因为这一行只需要你推算出两个数字。

BRAIN BUILDER NUMBERS

测试二答案

像之前一样，当你被一道题难住、急于翻看答案时，不妨休息一下，再次尝试解答题目后再查看答案。我建议你可以翻看前面类似题目的智力开发小贴士，参考前面的解决方案。不要忘记给自己打分，并比较一下自己在测试二和测试一中的表现，看看你的思维能力是否得到了提高。

根据以下几点给自己打分：

1. 答案正确得 2 分。
2. 答案虽然不正确，但思路正确得 1 分。
3. 完全没有思路也没有得出答案得 0 分。

题目26 井字游戏

答案如下图所示。让我们来看看倒数第二行左侧的数字 4 是怎么得出的：与数字 4 相关的水平方向上有 3 个 X，右上方的对角线没有 X，右下方的对角线有 1 个 X。

3	4	3	3	3	7	4
5	X	O	O	X	X	4
3	O	O	O	O	X	2
3	O	X	X	O	O	6
4	X	X	O	O	X	4
6	X	O	O	X	X	4
4	4	3	4	4	6	3

得分：

题目27 圆球称重 II

在这道题中，深色球重1磅，白色球重2磅，浅色球重3磅，条纹球重4磅，圆点球重5磅，如图所示。因此，最后一个平衡秤左侧的重量是3 + 3 + 2 = 8（磅），所以我们需要在右侧放两个条纹球（每个球重4磅）就可以使平衡秤平衡。

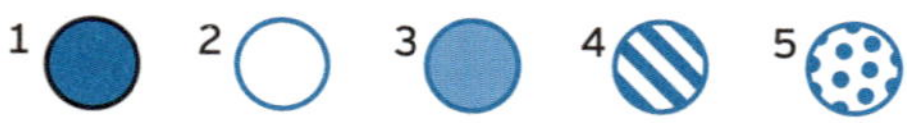

得分：

题目28 安静的运算 II

完整的算式如下图所示。请注意，这5个数学算式中的4个都在最后使用了除法符号。

3	×	9	−	2	÷	5	=	5
9	×	4	+	6	÷	6	=	7
18	÷	6	+	4	×	8	=	56
21	−	7	×	2	÷	7	=	4
9	×	7	+	9	÷	12	=	6

得分：

题目29 花园里的数字路径

答案如下图所示。你可以看到，从数字 1 到数字 7 是由对角线、水平和垂直的路径连接起来的，而从数字 7 到数字 12 是一条对角线路径，之后由一条简单的水平路径连接到数字 17。

41	42	43	44	4	5	6
40	30	29	3	45	46	7
39	31	2	28	27	8	47
38	1	32	26	9	49	48
37	33	25	10	21	20	19
36	34	11	24	23	22	18
35	12	13	14	15	16	17

得分：

题目30 南极洲的数学题 II

本题的答案是 73，其具体步骤为：180 × 40%=72；72 ÷ 4=18；18 × 2/3=12；12 × 2/3=8；8 × 44=352；352+13=365；365 ÷ 5=73。

得分：

题目 31 团体比赛

铜牌队得了 135 分，赢得了第一名；银牌队得了 133 分，获得了第二名；金牌队得了 131 分，获得了第三名。下面是完整的解题方案：

金牌队：

1 号队员：	3A，5B，0C，10D (–12)	12 + 15 + 0 + 10 – 12 = 25
2 号队员：	5A，3B，8C，8D (–1)	20 + 9 + 16 + 8 – 1 = 52
3 号队员：	2A，13B，3C，11D (–10)	8 + 39 + 6 + 11 – 10 = 54
团队总分：	**25 + 52 + 54 = 131**	

银牌队：

1 号队员：	3A，3B，3C，20D (–12)	12 + 9 + 6 + 20 – 12 = 35
2 号队员：	4A，12B，5C，1D (–17)	16 + 36 + 10 + 1 – 17 = 46
3 号队员：	5A，4B，4C，12D (–0)	20 + 12 + 8 + 12 – 0 = 52
团队总分：	**35 + 46 + 52 = 133**	

铜牌队：

1 号队员：	1A，6B，11C，11D (–3)	4 + 18 + 22 + 11 – 3 = 52
2 号队员：	5A，5B，3C，10D (–2)	20 + 15 + 6 + 10 – 2 = 49
3 号队员：	1A，3B，4C，13D (–0)	4 + 9 + 8 + 13 – 0 = 34
团队总分：	**52 + 49 + 34 = 135**	

得分： ☐

题目 32 找到数字的关系

每个五边形内的数字总和是 30，两个五边形中相邻三角形内的数字相乘也得到 30。

得分：

题目 33 空间站中的数字序列

根据已有的信息，我们很容易将数字 1、数字 4 和数字 3 分别填入第一行。答案如图所示。

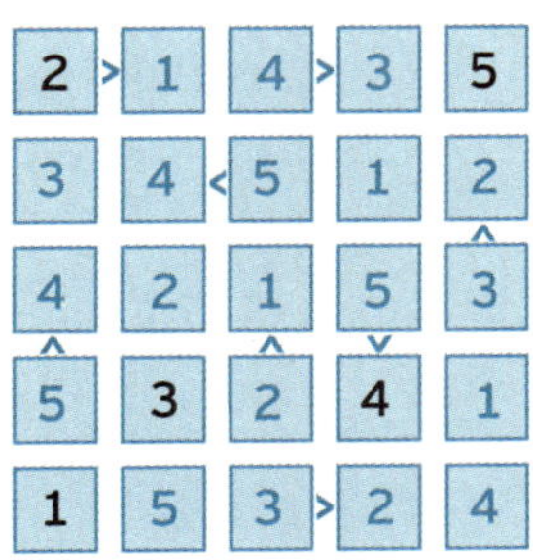

得分：

题目34 8号特工 II

“简单”那一列的运算结果是 9，“困难”那一列的运算结果是 8。

得分：

题目35 太空行走运算题

本题正确答案如下所示。宇航员保持警觉地计算出正确答案后，就可独立完成在遥远宇宙空间站内复杂的摄像修复工作。

98 – 27=71 ● 31+34=65 ● 3 × 16=48 ● 9 × 8 × 3=216

3 × 9=27 ● 7 × 18=126 ● 12 × 5 × 5=300 ● 13 × 12 ÷ 6=26

9 × 45=405 ● 15 × 15=225 ● 67 – 34 + 89 – 101=21

43 + 54 – 85=12 ● 289 ÷ 17=17 ● 31 + 43 – 49 + 72=97

得分：

题目36 夏天的闪电逻辑题

像我在题中给出的提示那样，先
通过排除法确定空白的圆圈，之后再
找出需要涂色的圆圈。答案如图所示：

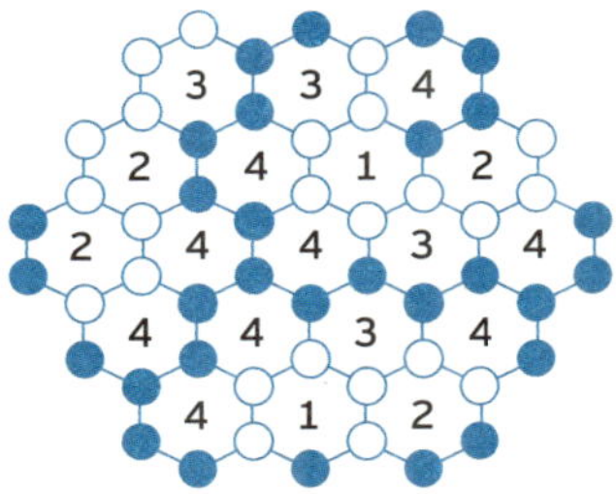

得分：

题目37 加强版联合大作战

答案如图所示，提示数字 22 对应对
角线上的第一个数字是 3。

			12	27		22	11			
	7	4	1	8	3	9	6	5	2	
	8	2	3	9	4	5	7	1	6	
30	3	9	7	5	1	8	6	4	2	28
	4	2	3	9	6	5	1	7	8	
16	1	9	4	2	8	7	3	5	6	20
	3	8	6	9	5	4	2	7	1	
11	6	2	1	3	8	7	5	4	9	8
	8	4	7	5	2	3	9	6	1	
	1	3	9	4	8	6	2	7	5	

得分：

题目38 脸谱运算Ⅱ

答案如图所示，这些脸谱分别代表数字 1、2、4 和 5，问号处的数字应该是 12。

得分：

题目39 填数游戏Ⅱ

注意题目中给出的提示，根据网格倒数第三、四、五行右边的已知的数字 5、11 和 3，可以得出 4、1 和 9、2 的数字组合。

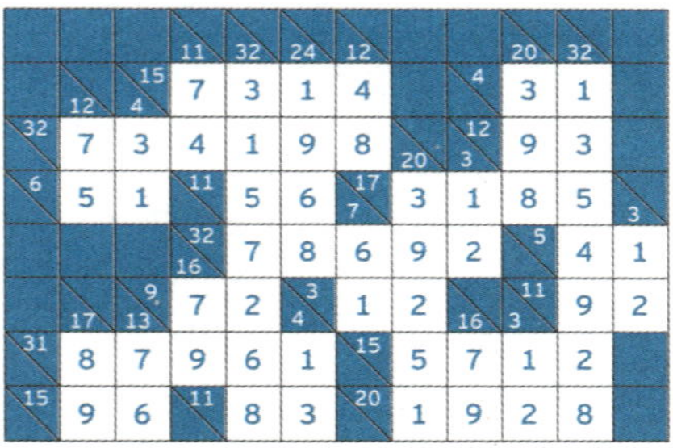

得分：

题目 40 玻璃窗上的运算

答案如图所示，我们可以看到网格的第一行有两个 1，而最后一行两个角落的数字都是 9。

	1	2	3	4	5	6
1	1	5	7	9	8	1
2	2	4	5	8	6	8
3	3	1	9	7	5	3
4	4	2	8	6	2	1
5	2	3	4	5	6	7
6	9	6	7	4	3	9

得分：

题目 41 冰激凌塔数学题

通过之前对本书中题目 2 和题目 13 的解答，你肯定可以轻松、快速地完成这道题。答案如图所示：

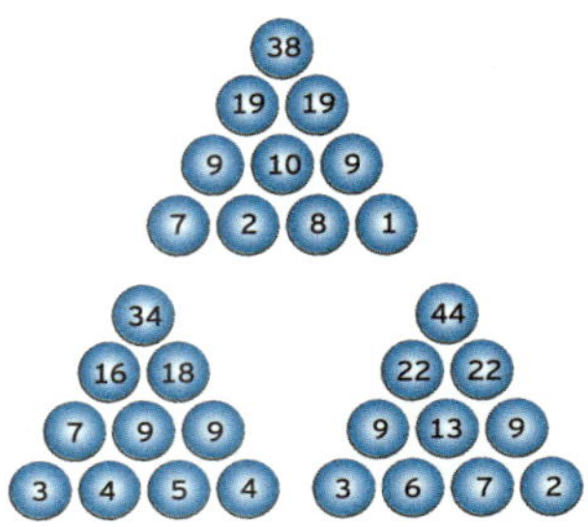

得分：

题目42 “牌照”游戏 II

答案如下所示，两个斜体数字相加的总和为蓝色数字。

5 55 89 ***54*** 31 92 25 65 41 **59** (5+54＝59)

7 **134** 67 ***73*** 81 ***61*** 78 84 2 135 (73+61＝134)

45 **32** ***2*** 33 90 21 ***30*** 67 19 7 (30+2＝32)

123 321 231 ***334*** 434 333 455 544 **457** 553 (123+334＝457)

3 ***9*** ***13*** 5 11 **22** 40 7 32 24 (13+9＝22)

得分：

题目43 剧本中的三方合作 II

答案如图所示。你可以看到，除了倒数第二行和左数第三列以外，其余的每一行、每一列都已经有数字 1，所以 1 只能填入倒数第二行左数第三个圆圈内；最后一行缺少数字 4、3、6，而空缺位置对应的只有左数第一列没有 4，因此倒数第一行最左侧的圆圈内应填入数字 4；右下角由直线连接的圆圈内还缺少数字 4 和 6，由于最后一行已经有数字 4，所以最后一行左数第四个圆圈内只能填入数字 6。

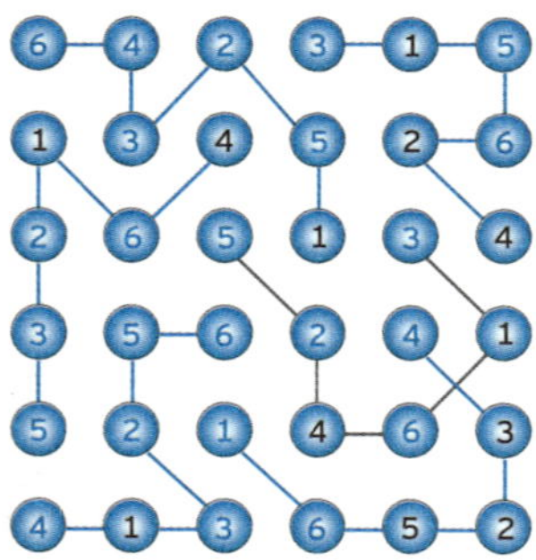

得分：

题目44 浴室中的数字题

答案如图所示。你可以看到，数字 2746891 可以填入最左侧的一列，因为其他任何数字都不是以 1 为结尾的。

2	8	1	7	4		2
7		8		5	0	2
4	3	2	5	3		4
6			5			6
8		6	0	1	3	3
9	0	5		9		3
1		6	2	7	8	3

得分：

题目45 数字连线游戏

答案如图所示，最复杂的连接就是两个 9 和两个 10。

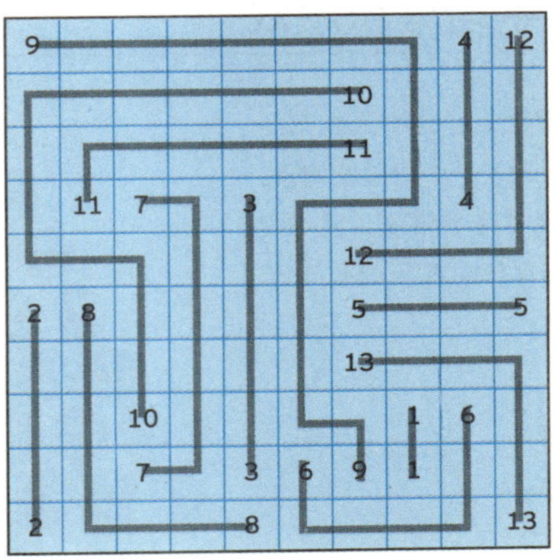

得分：

题目46 画布上的数字题

答案如图所示，第二行含有从小到大排列的数字 1 ～ 7。

3	4	6	2	7	5	1
1	2	3	4	5	6	7
7	6	5	3	1	2	4
2	5	7	1	4	3	6
5	3	4	7	6	1	2
4	1	2	6	3	7	5
6	7	1	5	2	4	3

得分：

题目47 金字塔堆积游戏

答案如图所示。我个人在第一次填图的时候犯了一个简单的错误，但最终我发现了这个错误，因为我最后没能得出顶部的数字 464。

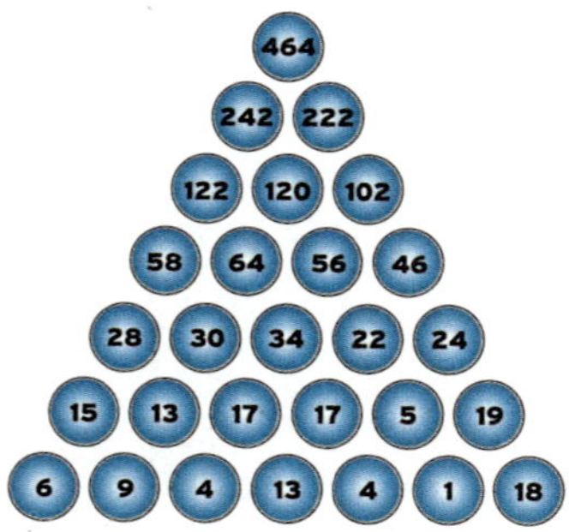

得分：

题目48 福尔摩斯俱乐部的小吃包装 II

答案如图所示：

1	0	0	1	0	0	1	1	0	1
0	0	1	0	1	1	0	0	1	1
0	1	1	0	1	1	0	1	0	0
1	0	0	1	0	0	1	0	1	1
1	1	0	1	0	1	0	0	1	0
0	1	1	0	1	0	1	1	0	0
1	0	0	1	0	1	0	0	1	1
1	0	1	0	0	1	0	1	1	0
0	1	1	0	1	0	1	0	0	1
0	1	0	1	1	0	1	1	0	0

得分：

题目49 万米高空中的数字题

这个正方形中的图形是：内含数字 3 的六边形、内含数字 2 的三角形、内含数字 2 的五边形和内含数字 4 的正方形，可得出 $(6 \times 3) + (3 \times 2) + (5 \times 2) + (4 \times 4) = 18 + 6 + 10 + 16 = 50$，如图所示。

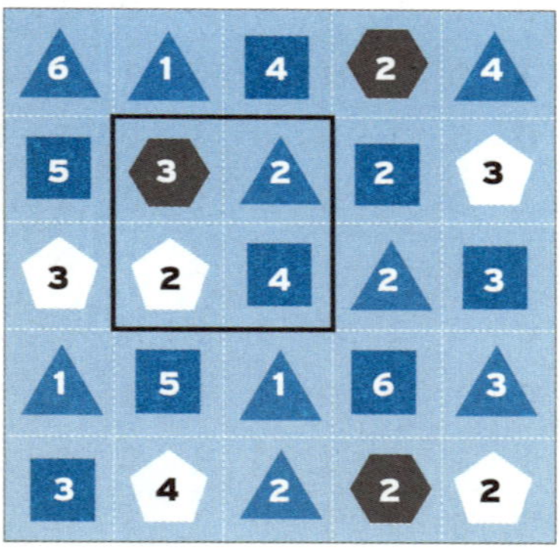

得分：

题目 50 “挤”进去的数字

根据题目提示中的建议，从第四行开始是个不错的选择。用 111 减去所有该行已给的数字得到 20，剩下的两个空格中数字的和就是 20。如果你将 11 放入该行最右侧的空格中，另外一个空格就填入数字 9。这样，最右侧的一列只剩下两个空格，按照上述步骤你就能快速完成这道题目。答案如图所示：

								93
13	7	11	14	6	9	15	1	76
12	5	2	14	1	3	10	2	49
5	2	19	17	4	8	14	15	84
7	15	9	13	20	16	20	11	111
11	6	16	18	15	3	6	3	78
16	5	16	7	9	16	13	2	84
3	1	17	14	17	11	12	12	87
19	6	11	18	10	13	20	3	100
86	47	101	105	82	79	110	49	96

得分：

思维能力评分表

“聪明人都在玩的脑力游戏”系列一共包含 4 本书，分别是《如何培养数字脑》《如何培养逻辑脑》《如何培养空间思维》和《如何培养模块思维》。与本书一样，另外的 3 本书也分为测试一和测试二两部分，每部分包含 25 道特定类型的思维训练题，并在测试一后面的答案部分对题目进行提示和指导，同时提供了智力开发小贴士。如果你能透彻地理解这些智力开发小贴士，一定会对你完成测试二中的题目有所帮助。你可以使用下面的表格记录你在测试一和测试二中的得分。我在表格中列出了本系列 4 本书的书名，你可以把在每本书中的得分都记录到下表中，以方便比较自己在各种类型思维中的表现。

书名	测试一	测试二
《如何培养数字脑》		
《如何培养逻辑脑》		
《如何培养空间思维》		
《如何培养模块思维》		

对照你在每个测试中的得分，看看你的头脑表现如何：

40 分或以上——成绩优异。

35~39 分——成绩良好。

20~34 分——基本合格，但有待提升。

20 分以下——不要灰心，每个人在某些领域都有优势和劣势，重要的是相信自己的学习能力。

“聪明人都在玩的脑力游戏”系列会帮助你提升不同领域的思维能力：

《如何培养数字脑》：在这本书中的良好表现说明你头脑清晰，拥有快速运算和处理数字的能力。

《如何培养逻辑脑》：如果你在这本书中表现优异，代表你拥有令人羡慕的图像化思维能力和很强的逻辑思维能力。

《如何培养空间思维》：在这本书中表现优异，说明你的空间思维很好，在处理图像材料时会有良好的表现。

《如何培养模块思维》：在这本书中得到高分，说明你对数字与图像之间的关联十分敏感。

书　名：《记忆魔法大练兵——

　　　　72 套神奇的记忆魔法实战训练题》

作　者：[英] 查尔斯·菲利普斯

出版社：九州出版社

定　价：36.00 元

英国国宝级记忆训练大师查尔斯·菲利普斯经典之作！

你会怎么记忆 593648726915 这串数字？死记硬背？转换编码？还是用谐音记忆……

只有每天都会用到的记忆法，才是最适合自己的。

在本书中，作者抛开繁杂深奥的理论，通过 72 个日常生活小故事设计成 72 套记忆实战训练题，层层激活你的大脑，帮你把记忆力发挥到极限，并在这个过程中找到最适合自己的记忆方法。打开本书，你将遇到：

1、记忆力基准测试——12 道初级记忆题，帮你打开大脑引擎，摸清自己的记忆水平。

2、记忆力奇趣大作战——更高一级的记忆大闯关，48 个妙趣横生的小故事，48 套精心设计的记忆训练题，再现日常生活场景，提升你的联想、视觉想象、逻辑关系、思维创意和专注力，帮你找到最适合自己的记忆方式。

3、记忆力升级测试——记忆关卡再次升级，带你突破自己的记忆极限，检测记忆训练效果，你会发现，你的记忆力已经有了神奇的变化！

试着用 30 秒记忆这个随机设置的密码：

Jaw34XL**opt314